Management und die Liebe

Tibor Koromzay

Management und die Liebe

Plädoyer für eine humanistisch geprägte
Führung

Mit einem Geleitwort von Wolfgang Looss

 Springer

Tibor Koromzay
Zürich, Schweiz

Ergänzendes Material zu diesem Buch finden Sie auf: http://extras.springer.com/
Bitte im entsprechenden Feld die ISBN eingeben.

ISBN 978-3-662-49516-2   ISBN 978-3-662-49517-9 (eBook)
DOI 10.1007/978-3-662-49517-9

Die Deutsche Nationalbibliothek verzeichnet diese Publikation in der Deutschen Nationalbibliografie; detaillierte bibliografische Daten sind im Internet über http://dnb.d-nb.de abrufbar.

© Springer-Verlag Berlin Heidelberg 2016
Das Werk einschließlich aller seiner Teile ist urheberrechtlich geschützt. Jede Verwertung, die nicht ausdrücklich vom Urheberrechtsgesetz zugelassen ist, bedarf der vorherigen Zustimmung des Verlags. Das gilt insbesondere für Vervielfältigungen, Bearbeitungen, Übersetzungen, Mikroverfilmungen und die Einspeicherung und Verarbeitung in elektronischen Systemen.
Die Wiedergabe von Gebrauchsnamen, Handelsnamen, Warenbezeichnungen usw. in diesem Werk berechtigt auch ohne besondere Kennzeichnung nicht zu der Annahme, dass solche Namen im Sinne der Warenzeichen- und Markenschutz-Gesetzgebung als frei zu betrachten wären und daher von jedermann benutzt werden dürften.
Der Verlag, die Autoren und die Herausgeber gehen davon aus, dass die Angaben und Informationen in diesem Werk zum Zeitpunkt der Veröffentlichung vollständig und korrekt sind. Weder der Verlag noch die Autoren oder die Herausgeber übernehmen, ausdrücklich oder implizit, Gewähr für den Inhalt des Werkes, etwaige Fehler oder Äußerungen.

Einbandabbildung: © Tibor Koromzay
Umschlaggestaltung: deblik Berlin

Gedruckt auf säurefreiem und chlorfrei gebleichtem Papier.

Springer ist Teil von Springer Nature
Die eingetragene Gesellschaft ist Springer Berlin Heidelberg
(www.springer.com)

Geleitwort

Zu den ambivalenten Erfahrungen des Älterwerdens gehört bekanntlich, dass uns die Kinder in dieser und jener Hinsicht über den Kopf wachsen. Nicht nur, was die Körpergröße betrifft, sondern auch wenn es um Wissen, körperliche Fertigkeiten oder den Mut zu ausgreifenden Lebensinitiativen geht: Die jeweils nächste Generation wartet immer mal wieder mit überraschenden Manövern auf. Was im Familienleben zum Erlebensalltag gehört, bereitet uns Senioren in der professionellen Welt ab und zu Gefühlsmischungen aus Verwunderung, Hochachtung und auch Insuffizienzerfahrungen. Da traut sich einer aber was. Darf der das?

Dieses kleine Buch von Tibor Koromzay ist für mich so ein Fall. Wir Älteren, die wir in den 70er-Jahren anfingen, eine entwicklungsorientierte Perspektive auf Organisationen und das Führungsgeschehen dort auszuarbeiten, wir waren – natürlich – erfüllt von der Idee, dass dort im Management eigentlich alles anders werden müsse. Wertegetrieben, methodisch kunstvoll verklausuliert und manchmal missionarisch versuchten wir, „humanere" Bewertungshorizonte in den Führungsalltag und das Unternehmensgeschehen hineinzutragen. Wir zogen Gruppendynamik und Psychotherapie heran, und es wurde eine ganze Systemtheorie daraus.

Aber „einfach so" das fundamentale Konzept der „Liebe" in ungeschmälerter Verbalisierung in diesem Kontext zu platzieren, das wäre uns seinerzeit sicher nicht eingefallen. Es war ja schon schwierig genug, die andere fundamentale Qualität menschlichen Zusammenlebens explizit zu benennen, die mit der Liebe einhergehen muss, nämlich die „Wahrheit". (Als Will Schutz, eine unserer damaligen wichtigen Referenzfiguren, 1983 meinte, dass es nun dringend notwendig sei, in Unternehmen die Wahrheit zu etablieren, wurde ihm entgegengehalten, dass dann doch wohl die Selbstmordrate bedenklich ansteigen würde …).

Und nun kommt nach fast einem halben Jahrhundert ein junger Kollege daher und traut sich in völlig selbstverständlicher, unprätentiöser und gelassener Manier, im managerialen Kontext dieses Wort „Liebe" zu verwenden. Er kann aufzeigen, dass es der denkbar brauchbarste Grundbegriff ist, in dem letztlich alles mündet, was uns derzeit an „neuen" Konzepten und Gedankenmustern beschäftigt, von „agil" bis „VUCA".

Sicher, es ist einiges geschehen in der Zwischenzeit. Niklas Luhmann hat mit „Liebe als Passion" neue soziologische Zugänge bereitgestellt. Alain Badiou hat mit seinem so populär gewordenen „Lob der Liebe" durchgreifende Entrümpelungs- und Aufräumarbeit geleistet, und Ulrich Dolde hat einen frischen Praktikerblick auf die Verbindung von „Wirtschaft und Liebe" samt Produktivität riskiert. Es war offenbar an der Zeit für einen mutigen Schritt. Hochachtung dem, der ihn gegangen ist.

Und dann passiert es, das kleine Wunder: Steht der Begriff erst mal zur Verfügung, darf das Konzept der Liebe einfach so genutzt werden, dann wird plötzlich alles einfach und klar, was uns in den letzten Jahren in der Frage der organisationalen Nichtsteuerbarkeit, der Turbulenzbewältigung und der Komplexitätshandhabung oft atemlos beschäftigt hielt. Ohne die Liebe lässt sich in einer unübersichtlich gewordenen Welt auch das profanste „Business" nicht wirksam betreiben. Ob wir nun von „Leadership" reden oder von „transformationaler Führung", ob wir „spiraldynamische Entwicklungslinien" identifizieren oder mit Frederic Laloux die Organisation mal wieder neu erfinden: „Liebe" im ursprünglichen Sinn ist die mit Abstand vernünftigste Qualität, die wir dabei brauchen, und zu dieser Erkenntnis bedarf es überhaupt keiner missionarischen Mühen von irgendwelchen Gutmenschen mit irgendeiner aggressiven Pädagogik mehr.

Ich gratuliere dem Autor und wünsche diesem Büchlein eine vielfältige und zur Einsicht fähige Leserschaft. Dann klappt's auch mit der Produktivität.

Wolfgang Looss

Vorwort

2004 erschien ein Film von Franz Reichle über das Leben und Werk von Francisco Varela, einem chilenischen Biologen, Philosophen und Neurowissenschaftler. Bereits nach wenigen Minuten hört man in einer einleitenden Einspielung aus einem Interview mit Varela folgendes: „Wissenschaft ist *eine* Form von Wissen; Kunst ist eine andere Form von Wissen; Magie ist eine andere Form von Wissen etcetera etcetera. Es gibt auf der anderen Seite nur eine Weisheit – und die basiert auf Liebe" (Francisco J. Varela, im Film „Monte Grande", 2004).

Ich habe diesen Film im Kino gesehen; nach diesen einleitenden Minuten dachte ich, jetzt könnte ich genauso gut nach Hause gehen. Denn was sollte man dem noch hinzufügen? Ich bin nicht nach Hause gegangen und habe das auch nicht bereut, trotzdem war im Grunde genommen mit diesen Worten bereits genug gesagt. Vielleicht hat mit diesem Erlebnis der Prozess begonnen, der schlussendlich zu diesem Buch geführt hat. Vielleicht auch nicht. Wer kann schon wissen, wie die Dinge zusammenhängen?

Nachdem ich jahrelang über Management und Leadership nachgedacht und mich selbst darin geübt hatte, fiel mir auf, dass ich, wenn ich über verschiedene Facetten dieser Tätigkeiten nachdachte, die mir wichtig schienen, um

Management und Leadership auf höchstem Niveau zu prak-
tizieren, auf dem tiefsten Grund dieser Facetten letztendlich
immer auf die gleiche gemeinsame Quelle stieß: die Liebe.
Die wichtigsten Dinge für Führungskräfte, die entscheidenden, waren schlussendlich immer Erscheinungsformen der
Liebe in ihrer universellen Qualität, wie sie Varela als Quelle
von Weisheit benennt.

Wahrscheinlich hat auch meine Ausbildung und Tätigkeit als Psychotherapeut zu dieser Erkenntnis beigetragen:
In dieser Rolle, die ich während einer gewissen Zeit innehatte, erhielt ich Einblick in Dimensionen des Erlebens, die
Manager in ihrem beruflichen und oft auch in ihrem privaten Umfeld niemals offengelegt hätten. In diesen Sitzungen
wurde mir deutlich, wie groß die Not vieler Führungskräfte ist, und wie groß ihr Hunger und ihr Durst sind nach
Qualitäten, die letztendlich auf Liebe basieren.

Dieses Buch handelt von der Liebe als Quelle, von den
vielen Bächen und Flüssen, in die sich das Wasser dieser
Quelle verzweigt, und von deren Mündungen in vermeint-
lich weit entfernte Meere wie Management und Leadership.
Dieses Buch ist ein Plädoyer für eine humanistisch geprägte
Führung, für eine integrierte Emotionalität in den Bereichen Management und Führung, ein Plädoyer für die Art
von Leadership, die meines Erachtens allein das Potenzial
hat, in Zukunft zu bestehen. Um sie zu erreichen, wird es
Führungskräfte brauchen, die als Person gereift sind und
Zugang haben zu den Qualitäten der Liebe, die ich hier
beschreiben werde. Solche Führungskräfte werden die Art
von Leadership zeigen können, die wir in Zukunft brauchen
werden und die geprägt sein wird von Umsicht und Integrität. Dies als dringend notwendige Weiterentwicklung der

heutigen Situation, in der Emotionalität im Management und in der Businesskultur allzu oft vollkommen abgetrennt, entkoppelt, ausgesperrt, verleugnet und/oder diskreditiert wird.

Es ist mir bewusst, dass ich durch den Gebrauch des Wortes „Liebe" riskiere, bei meiner Zielgruppe komplett abzublitzen, aber dieses Risiko gehe ich ein.

Ich war selber dreizehn Jahre lang Mitglied einer Geschäftsleitung in einem mittleren Unternehmen in der Maschinenindustrie, und ich habe vierzehn Jahre lang Leistungssport betrieben. Ich kenne also die Welt der Leistungsorientierung und schätze sie auch. Ich kenne die Befriedigung, den Kick oder sogar den Rausch, der vom Erreichen ehrgeiziger Ziele ausgehen kann, und ich möchte diese Erfahrungen nicht missen. Ich glaube nur, dass das alleine in Zukunft nicht mehr genügt, und versuche hier zu skizzieren, was meiner Ansicht nach dazukommen muss und wie Sie dahin kommen können.

Ich empfehle Ihnen, dieses Buch mit Muße zu lesen. Am Ende jedes Kapitels werden Sie eine Reihe von Fragen finden. Sie sind als Vorschläge zur Reflexion zu verstehen und als Anregung, sich selber zu verorten in Bezug auf Fragen, auf die es oft nicht die eine richtige Antwort gibt. Wenn ich eines nicht versuche, dann ist es, die eine richtige Antwort zu liefern – setzen Sie sich mit den Inhalten kritisch auseinander, und finden Sie Ihre eigenen Antworten und Positionen, das ist das Wichtigste.

Die einzelnen Kapitel widmen sich jeweils einer Erscheinungsform oder einem Aspekt der Liebe und stellen die Verbindung her zu den Herausforderungen, denen sich Führungskräfte heute schon, und in Zukunft noch mehr, zu stellen haben. Ich fasse mich dabei relativ kurz; die Texte sollen als verdichtete Essenz wirken und nicht so sehr als bis ins Detail elaborierte Theorien, die Ihnen vorzeichnen, welchen Weg Ihre Gedanken zu nehmen haben. Die Substanz, die ich hier vorstelle, soll wirken wie Tinte, die auf ein Fließblatt tropft: Das Fließblatt nimmt die Tinte auf und erzeugt eigene Formen und Spuren. Ich zeige Ihnen, wo Sie hinschauen können, aber nicht, was Sie dort sehen sollen. Die Reihenfolge der Kapitel ist nicht so wichtig, picken Sie sich die heraus, die Sie am meisten ansprechen. Gewisse wichtige Kernaussagen wiederholen sich teilweise, nicht zuletzt, um die einzelnen Kapitel relativ unabhängig voneinander lesbar zu halten.

Die Literaturliste am Ende des Buches ist geradezu lächerlich kurz, jedenfalls verglichen mit den Literaturlisten der meisten Bücher, die ich gelesen habe. Auch hier schwebt mir das Bild von Tinte auf einem Fließblatt vor: Die aufgelisteten Bücher enthalten ihrerseits zusammengenommen weit über tausend Literaturhinweise, genug, damit jeder Leser und jede Leserin daraus die eigene Sammlung entwickeln kann.

So also möchte ich diesen Beitrag verstanden wissen: als ein Angebot zur Inspiration. Ich verzichte darauf, die einzelnen Kapitel seitenweise mit Forschungsergebnissen zu illustrieren – und ganz offen gestanden, ich wäre sehr oft auch gar nicht in der Lage dazu, weil vieles von dem, was ich gelesen und erfahren habe, zwar in meinen Hintergrund eingeflossen ist, mir aber nicht mehr in Form von sauber zitierbaren Quellen zugänglich ist. Und der Aufwand, diese Quellen wieder aufzustöbern (es gibt sie durchaus), steht meines Erachtens in keinem Verhältnis zu seinem Nutzen:

Entweder Sie können mit dem, was ich hier schreibe, etwas anfangen, oder nicht. Damit gestehe ich auch gleich zu Beginn ein, dass einiges von dem, was in diesem Buch steht, zweifellos auf der Ebene von Einzelnachweisen angreifbar ist. Trotzdem gestehe ich mir zu, genug von diesen Dingen zu wissen, um zu ihnen etwas zu sagen zu haben – und angreifbar zu sein gehört wohl zu jedem Text, der nicht den Anspruch erhebt, die Wahrheit zu verkünden. Wenn es mir gelingt, eine Brücke zu schlagen zwischen schon längst bereit liegendem Wissen und der Businesswelt oder diesen Brückenschlag auch nur ein wenig zu begünstigen, dann bin ich mehr als zufrieden.

In diesem Sinne wünsche ich Ihnen viel Freude und Inspiration dabei, sich das Folgende zu eigen zu machen.

Zürich, im Dezember 2015

Dank

Ein besonderer Dank gilt den an der Entstehung dieses Buches beteiligten Personen bei Springer: Joachim Coch für sein Interesse und Wohlwollen für dieses Projekt; ihm verdanke ich wesentlich, dass dieses Buch zur Veröffentlichung gelangt. Judith Danziger für die Koordination aller Aktivitäten, die für die Realisierung nötig sind, und Marion Sonnenmoser für das sorgfältige und hilfreiche Lektorat.

Wenn ich über Management und die Liebe schreibe, gehört dazu auch, an meine eigene Geschichte von Management und der Liebe zu denken und Personen zu danken, die mich in dieser Geschichte geprägt haben.

Ich hatte das Glück, in meiner beruflichen Karriere immer wieder außergewöhnliche und bemerkenswerte Vorgesetzte zu haben. Sie haben mir über Jahre ihr Vertrauen geschenkt, ließen mich meinen breiten Interessen nachgehen und haben mich mit einer Großzügigkeit und einem Wohlwollen sondergleichen gefördert. Danke Geri, Andreas und Ingo.

Meine Ausbildung in Gestalttherapie war lebensverändernd, das kann ich ohne übertriebenes Pathos sagen. Ich habe in dieser Zeit brachliegende Teile meiner selbst wiederentdeckt, und ich habe so viel gelernt. Diese Erfahrungen sind verbunden mit einigen Personen, die mich in der

Ausbildung besonders berührt haben und denen ich von Herzen danke: Peter Schulthess, Brigitte Rasmus, Yvonne Parpan, Jürgen Gramberg, Anna Chesner, Soto Hofmann, Joseph Zinker. Die Gestalttherapie ist die Heimat meiner Grundhaltung.

Unendlicher Dank gebührt meinen Eltern, deren Liebe nie an Bedingungen gebunden war. Das hat mir ein Fundament geschaffen, das felsenfest steht. Das wertvollste Geschenk, das man erhalten kann. Mama und Papa, ich werde es euch nie vergessen.

Last but not Least danke ich meiner Frau, Annatina Escher Koromzay. Menschen wie sie sind das Salz der Erde. Ich habe nie jemanden getroffen mit einem größeren und reineren Herzen. Auf ihrer nie versiegenden Liebe gründet meine tiefe Gewissheit, dass, egal was passiert, in meinem Leben ganz grundsätzlich alles gut ist. Ich habe dafür kaum Worte. Danke, liebste Annatina.

Inhaltsverzeichnis

Der Autor

Tibor Koromzay hat früh die Erfahrung gemacht, dass er die verschiedensten Dinge mit Leichtigkeit lernen konnte, und war immer vielseitig interessiert. Sein erster Berufswunsch war Jazzpianist, aber es kam anders. In seiner heutigen Tätigkeit kann er auf vielfältige und langjährige Erfahrungen aus Management, Beratung, Psychotherapie, Leistungssport, Musik, ZEN-Meditation und Kampfkunst zurückgreifen. Dabei steht er in einer humanistischen Tradition; die Heimat seiner Haltung ist die Gestalttherapie.

Er hat das Leben als Führungskraft und als Mitarbeiter in Organisationen aus verschiedenen Perspektiven kennengelernt. Er trägt den 2. Dan in Aikido und spricht sechs Sprachen. Besonders fasziniert ist er davon, Verbindungen zwischen verschiedenen Disziplinen zu knüpfen.

Heute berät er Einzelpersonen, Teams und Unternehmen in den Themenfeldern Zusammenarbeit, Leadership, Veränderung und persönliches Wachstum. Tibor Koromzay ist verheiratet und lebt im Raum Zürich.

Internet: www.tiborkoromzay.ch

1

Ground Swell

Ich bin leidenschaftlicher Surfer. Neben der Tatsache, dass Surfen glücklich macht – das Lächeln nach einer guten Welle kriegt man tagelang nicht aus dem Gesicht –, lehrt es einen eine Menge grundlegender Dinge, zum Beispiel Demut, denn gegen das Wasser anzukämpfen ist zwecklos, oder die Fähigkeit, im Moment zu sein, denn ist man es nicht, bleibt man nicht lange auf dem Brett, um nur zwei Beispiele zu nennen.

Surfwellen können auf zwei Arten entstehen: durch sogenannten „Wind Swell" oder durch „Ground Swell". Bei Wind Swell entstehen die Wellen durch Wind, der die oberste Schicht des Wassers in Küstennähe bewegt, während die unteren Schichten sich kaum bewegen.

Bei einem Ground Swell entstehen Wellen durch starke Winde oder Stürme weiter draußen auf dem Meer, die das Wasser bis in tiefere Schichten oder sogar bis auf den Grund aufwühlen; durch die Strömungen und Bewegungen der tieferen Schichten werden die oberen Wasserschichten aufgetürmt und legen hunderte von Kilometern zurück, bevor sie die Küste erreichen und von Riffs oder Sandbänken nochmals aufgetürmt werden.

Ein Ground Swell, selbst bei kleinen Wellen, ist um ein Vielfaches kraftvoller als ein Wind Swell, und während bei

© Springer-Verlag Berlin Heidelberg 2016
T. Koromzay, *Management und die Liebe*, DOI 10.1007/978-3-662-49517-9_1

Wind Swell der größte Teil des Wassers und auch der Grund sich kaum bewegen, kann ein Ground Swell die ganze Topografie verändern, und unter Umständen ist ein Strand danach nicht mehr der gleiche. Die Surfer ziehen Ground Swell vor – weil die Wellen gleichförmiger und gleichzeitig stärker sind.

Ich glaube, dass wir heute im Bereich der Unternehmensführung und im Bereich von Leadership einen Ground Swell erleben. Traditionelle Führungs- und Managementmodelle, die stark auf Hierarchie aufbauen, auf das Konzept von einzelnen Personen, denen als Helden oder als Schuldigen die Ergebnisse von komplexen Prozessen zugeschrieben werden, und auf die Annahme, man könne Vorgänge in Unternehmen und auf den Märkten kausal erklären – diese Modelle sind buchstäblich am Ausbrennen.

Dies, obwohl alternative postmoderne und holistische Denkmodelle schon seit über zwanzig Jahren zur Verfügung stehen; es gibt dazu genügend Literatur, und eines meiner Ziele für dieses Buch lautet, diesem längst bereitliegenden Wissen bei Führungskräften die gebührende Popularität zu verschaffen, denn meiner Ansicht nach könnte es ihnen sehr nützlich sein. Ich habe mir unter anderem überlegt, dass einer der Gründe, warum diese Konzepte so wenig Eingang in die Praxis finden, möglicherweise darin liegen könnte, dass die Bücher, die sie behandeln, ganz einfach zu dick und zu anstrengend zu lesen sind. Manager haben nicht viel Zeit. Vielleicht hilft es also, ein dünnes Buch vorzulegen, das auf die dicken verweist und den Lesern so die Möglichkeit gibt, diese Schätze nach ihren Bedürfnissen zu entdecken und zu heben.

Interessanterweise wird der Ausdruck „Ground Swell" im Englischen auch verwendet für eine schnelle und starke Zunahme von öffentlicher Zustimmung für eine Sache, und auch in der deutschen Sprache kennen wir den Ausdruck der „Welle der Zustimmung" oder auch der Empörung. Tatsächlich ist heute so eine Welle wahrzunehmen in Bezug auf Leadership, Unternehmensführung und sogar Investment: An allen Ecken und Enden treten Menschen an, um Führungs- und Geschäftsmodelle zu propagieren, die nachhaltig, menschengerecht und im weitesten Sinne „gut" sind, und das sind in den wenigsten Fällen naive Träumer, sondern erfahrene Manager, die der Meinung sind, es könne nicht so weitergehen wie bisher. Gleichzeitig wächst der Druck, eine in diesem Sinne neue Art der Unternehmensführung zu entwickeln, seitens der Arbeitnehmer und Kunden.

Offenbar hat es in unserem Wirtschaftssystem bisher noch knapp funktioniert, im Modus „mehr desselben" zu ticken: noch schneller, noch regulierter, mit noch mehr Druck, noch mehr Kennzahlen usw. Diese Zeit scheint definitiv vorbei: Wer heute Mitarbeitenden zuhört, gewinnt den Eindruck, dass in einem solchen Alltagsmodus die Leistungsfähigkeit sinkt und kaum noch Sinnhaftigkeit wahrgenommen wird. Die Gallup-Studien zeigen seit Jahren einen Anteil von über fünfzig (!) Prozent von Mitarbeitenden mit wenig oder keiner emotionalen Bindung an ihren Arbeitgeber. Das sind Mitarbeitende, die tendenziell oder definitiv den Glauben an eine kompetente Führung, die sinnvolle Entscheidungen trifft, verloren haben und bloß noch zusehen, dass sie selber einigermaßen gut über die Runden kommen. Eine Horrorvorstellung für jeden

Unternehmer: Die Hälfte Ihrer Mitarbeitenden ist nicht mehr daran interessiert, sich zum besten Wohl Ihrer Firma einzusetzen, sondern nistet sich in resignativer Zufriedenheit ein unter dem Motto „es könnte mir auch schlechter gehen".

Unternehmen ächzen unter der Last der sich auftürmenden Aufgaben und der immer weniger vorhandenen Freiräume, und Mitarbeitende auf allen Hierarchiestufen und in allen Funktionen in allen Branchen brechen scharenweise unter der Belastung zusammen, so sehr, dass rund um das Thema Burnout und Bewältigungsstrategien eine wahre Industrie entstanden ist.

Wir stehen am Beginn des sechsten Kondratieff-Zyklus, und es ist das erste Mal, dass ein solcher Zyklus mit einiger Wahrscheinlichkeit nicht von einer Technologie geprägt werden wird, sondern durch die psychosoziale Gesundheit. Gleichzeitig sehen wir die Generation Y und Z älter werden und in die Führungsetagen gelangen: Menschen, die nach allgemeiner Auffassung nur noch zur Mitarbeit zu bewegen sind, wenn sie überzeugt sind von dem, was sie tun, und wenn sie emotional erreicht werden.

Höchste Zeit also, dass eine Qualität Einzug hält in die Welt von Unternehmensführung und Leadership, die von der Mehrzahl der Führungskräfte vermieden und aus dem Berufsalltag ausgeschlossen oder sogar stigmatisiert und diskreditiert wird: die Qualität der Liebe und ihrer Verwandten.

Die meisten Manager rennen bei dem Wort „Liebe" in Panik zur nächsten Tür, weil sie Emotionalität als Störfaktor ansehen, weil sie sich nicht dem Esoterikverdacht aussetzen wollen oder weil ihnen schlicht die Zähne klappern – und das ist ein Fehler, denn die Liebe und ihre Verwandten werden der nächste Ground Swell sein. Und Sie erinnern sich: Gegen das Wasser anzukämpfen ist chancenlos.

Es soll im Folgenden nicht hauptsächlich um die romantische Liebe gehen, sondern über die Liebe in ihrer allgemeinen Form als Grundqualität des emotionalen Erlebens, als Ausdruck von innerer Lebendigkeit, als Empfindung, im Innersten berührt und bewegt zu werden, als das, was Menschen letztlich am nachhaltigsten und stärksten erreicht.

Ich werde in den einzelnen Kapiteln die Liebe in ihren verschiedenen Erscheinungsformen und Intensitätsgraden betrachten und ihre Verbindungen mit Leadership und Unternehmensführung zeigen. Ich erhebe dabei keinen Anspruch darauf, Liebe umfassend zu beschreiben. Das sei den Künstlern überlassen. Aber ich möchte zeigen, dass diese Verbindungen existieren und relevant sind, und ich bin überzeugt, dass die hier vorgestellten Ansätze praktikabel sind. Mehr noch: dass sie geeignet sind, denjenigen Unternehmen, die es verstehen, sie in ihre tägliche Arbeit zu integrieren, einen uneinholbaren Vorteil gegenüber ihren Mitbewerbern zu sichern, und den Menschen, die in diesen Unternehmen arbeiten, einen von Sinnempfinden und Begeisterung geprägten Arbeitsalltag zu bescheren.

Das ist der Traum. Und wenn Ihnen das zu abgehoben erscheint, lade ich Sie ein, Folgendes in Betracht zu ziehen: Nicht alle, die Träume hatten, sind heute an der Spitze – aber alle, die an der Spitze sind, hatten Träume, und haben meist immer noch welche. Wer Management und die Liebe integriert, wird Träume niemals geringschätzen, und wenn Sie als CEO, Manager, Leader oder Mitarbeitende nicht einfach in einer Firma wie viele andere arbeiten wollen, sondern an einem wahrhaft außergewöhnlichen und inspirierenden Ort, dann glaube ich, lohnt es sich, über die Liebe nachzudenken.

Sie halten ein eher dünnes Buch in der Hand. Es wendet sich primär an Führungskräfte und Menschen, die das werden möchten, und ich weiß sehr gut, dass solche Menschen wenig Zeit haben. Ich bin weit davon entfernt, sie dafür zu kritisieren. Gleichzeitig bin ich der Auffassung, dass auch in der dichtesten Agenda Zeiten für Muße und Inspiration notwendig und möglich sind, und trage meinen Teil dazu bei, Ihnen die Lektüre möglichst nicht durch unnötige Redundanz und Langatmigkeit zu erschweren.

Bilden Sie sich Ihre eigene Meinung über die Anwendbarkeit der hier vorgestellten Ansätze in Ihrem spezifischen beruflichen oder privaten Kontext, verwerfen Sie, was nicht für Sie taugt, und integrieren Sie, was Sie anspricht. Finden Sie Ihren eigenen Zugang zur Verbindung zwischen Management und der Liebe – vielleicht werden Sie Teil eines Ground Swells.

2

Liebe als Ausdruck dafür, etwas vom Grunde seines Herzens zu tun

Wenn Sie von jemandem hören, dass er seinen Job wirklich liebt oder dass er etwas mit Liebe tut, assoziieren Sie damit höchstwahrscheinlich spezifische Bilder, Eigenschaften oder Einstellungen, mit denen diese Person ihre Arbeit vermutlich macht: eine besondere Sorgfalt; eine innige Versunkenheit in ihre Tätigkeit; eine brennende Leidenschaft für das eigene Tun; eine zugewandte Ernsthaftigkeit; eine Ausstrahlung von tiefer Zufriedenheit; oder was immer Sie persönlich damit verbinden. Personen, die etwas mit dieser Einstellung tun, fallen uns auf, und oft ist es schwierig, den Blick von ihnen abzuwenden, wenn man ihnen zuschaut, und es entsteht ein kleiner Moment, ein kleiner Unterbruch in der Zeit, in dem sich uns dieses Bild ins Gedächtnis gräbt.

Wir haben sie alle schon hundertfach gehört, gelesen, gesehen, die Botschaft, die heißt: „Folge deinem Herzen, und große Dinge werden geschehen." Und sie wurde schon so häufig in Hollywood-Streifen verpackt, dass man versucht sein könnte, sie als naives Märchen abzutun, das nichts mit der Realität zu tun hat.

Dafür jedoch gibt es zu viele sehr reale und hoch angesehene Personen aus den verschiedensten Sparten und Dis-

© Springer-Verlag Berlin Heidelberg 2016
T. Koromzay, *Management und die Liebe*, DOI 10.1007/978-3-662-49517-9_2

ziplinen, die diese Botschaft stützen. Als Beispiel aus der Literatur sei der folgende Dialog aus Paulo Coelhos „Alchimist" (1996) zitiert:

> „Es ist ganz natürlich, Angst davor zu haben, alles was man bereits erreicht hat, für einen Traum einzutauschen."
> „Warum soll ich dann auf mein Herz hören?"
> „Weil du es niemals zum Schweigen bringen kannst. Und selbst wenn du so tust, als ob du es nicht hörst, so wird es doch immer wiederholen, was es vom Leben und von der Welt hält."
> (aus: Paulo Coelho *Der Alchimist.* Aus dem Brasilianischen von Cordula Swoboda Herzog. Copyright der deutschsprachigen Ausgabe © 1996 Diogenes Verlag AG, Zürich)

Aus der Businesswelt kenne ich kein besseres Beispiel als Steve Jobs. Was ist nicht schon alles geschrieben worden über die Unterschiede zwischen Bill Gates und Steve Jobs; der meiner Meinung nach größte wird in der Qualität ihrer Antworten auf Interviewfragen sichtbar: Bill Gates blitzgescheit, trocken, sachlich. Antworten von Steve Jobs dagegen haben oft Bezüge zu Kunst und Poesie, etwa wenn er einen Beatles-Song zitiert oder wenn er auf eine Frage auf einer bestimmten Ebene eine Antwort gibt, die ein bis zwei Ebenen höher liegt und dabei sehr oft Träume, Ideale und innerste Antriebe anspricht. Diese stehen auch im Zentrum einiger seiner berühmtesten Sätze, die schon tausendfach zitiert worden sind und für mich immer noch zu den bewegendsten Äußerungen eines Unternehmers gehören, weshalb auch ich sie hier aufführen möchte. Er hat diese Sätze anlässlich seiner Rede bei der Graduierungsfeier der Universität Stanford im Jahre 2005 gesagt, Bezug nehmend auf seine erste Krebserkrankung: „…fast alles – alle äußeren Erwartungen, aller Stolz, alle Angst vor Versagen oder Lächerlichkeit – diese Dinge fallen einfach weg im Angesicht des Todes, es bleibt nur, was wirklich wichtig ist. Immer daran zu denken, dass man sterben wird, ist die beste Methode, die ich kenne, um nicht in die Falle zu geraten, zu denken, man habe etwas zu verlieren. Wir sind schon nackt. Es gibt keinen Grund, nicht seinem Herzen zu folgen" (Quelle: Stanford University).

Man könnte beliebig mit Beispielen weiterfahren, aus der Welt des Sports, der Kunst, der Wissenschaft. Ich finde, dieser Punkt wurde genügend häufig und genügend kompetent gemacht, um ihn an dieser Stelle abzuhaken und als richtig zu akzeptieren, und zwar ohne ihn in die Ecke romantischer Träumereien zu schieben.

Nun glaube ich, dass die Kraft, die davon ausgeht, seinem Innersten zu folgen, auch für Organisationen und Unternehmen ein gigantisches Potenzial darstellt. Wenn Menschen – früher oder später in ihrem Leben – sich offenbar immer wieder fragen, wofür sie das eigentlich tun, was sie tun, dann wäre es doch wohl im Sinne des Managements, wenn Leuten, die in der gleichen Firma arbeiten, dazu erstens etwas einfiele und sie zweitens in etwa auf ähnliche Antworten kämen, oder?

Die meisten Führungskräfte würden auf die Frage nach dem Sinn ihres Tuns auf die Strategiepapiere der Firma verweisen und dort auf die Vision und Mission des Unternehmens, womit sie sicher eine korrekte Antwort geben würden. Nun frage ich Sie: Hat Sie, als Sie diesen letzten Satz lasen, besonders bei den Worten „Vision und Mission", eine innere Müdigkeit erfasst, die augenblicklich all Ihre Energie abfließen ließ? Möglicherweise sogar ein Totstellreflex, verbunden mit einer inneren Stimme, die Ihnen zuflüsterte „Ohren zu und durchhalten, in ein paar Minuten ist es vorbei"? Wenn ja, gehören Sie nach meiner Erfahrung leider zur Mehrheit der Arbeitnehmenden.

Das liegt daran, dass die meisten Unternehmensvisionen

a) keine *gemeinsamen* Visionen sind,
b) mit dem täglichen Handeln viel zu wenig eng verknüpft sind (teilweise kann man den Verdacht hegen, dass alle froh sind darüber, dass die Visionen schön säuberlich vakuumverpackt in den Strategiedokumenten deponiert sind und nicht weiter stören), und
c) wenn, dann viel zu rigide verwendet oder gar mit moralischem Druck als Gesinnungstest missbraucht werden.

Und das ist eine Tragödie, denn Visionen können Kräfte mobilisieren wie nichts anderes, und hier geht Potenzial verloren, das gar nicht überschätzt werden kann.

Senge (2008) macht in seinem Buch „die fünfte Disziplin" einige Aussagen darüber, was eine kraftvolle Vision ausmacht und wie sie entstehen kann. Ich baue im Folgenden auf seinen Gedankengängen auf. Dazu gehört, dass Vision etwas Gemeinsames sein muss, etwas, das von möglichst allen Leuten, die in einem Unternehmen arbeiten, geteilt wird. Die gängige Meinung lautet, dass eine Vision top-down entwickelt wird. Mag sein. Aber zu oft wird dann offenbar erwartet, dass die Mitarbeitenden diese Vision in einer Art Instant-Erleuchtung umgehend zu übernehmen haben, nachdem man sie ihnen im Rahmen einer Informationsveranstaltung kurz vorgestellt oder, noch schlimmer, schriftlich mitgeteilt hat. Kein solches Vorgehen geschieht in böser Absicht, aber das macht es leider nicht wirkungsvoller.

Senge liefert eine Alternative und rät, man solle die Menschen ermutigen, über ihre eigenen Visionen nachzudenken. Das mag Führungskräfte im ersten Moment schockieren, weil es die Schreckensvision einer Belegschaft beschwört, in der jeder dem nachgeht, was ihm gerade passt, was mit dem totalen Verlust der Ausrichtung der Mitarbeitenden auf die Firmenvision gleichgesetzt wird, nach dem Motto: „Wenn hier jeder tut, was er will, bricht ja das Chaos aus." Aber diese Ansicht führt in die Irre, denn konsequent zu Ende gedacht würde sie bedeuten, dass Ihre Mitarbeitenden sich nur für das Wohl Ihres Unternehmens einsetzen, wenn man sie dazu zwingt... und dann haben Sie ein wirkliches Problem.

Die Beschäftigung mit der eigenen Vision eröffnet dem Einzelnen erst die *erlebbare* Qualität und Kraft, die eine Vision entfalten kann. Und wer dieses Potenzial einer Vision erlebt hat, wird bereit sein, sich mit der Verbindung seiner persönlichen Vision mit derjenigen des Unternehmens, in dem er arbeitet, auseinanderzusetzen, die Anschlusspunkte zwischen diesen Visionen zu suchen und daraus unmittelbar Sinn und Kraft für seinen Berufsalltag abzuleiten. In der extremen Ausprägung, nämlich bei Hochleistungsteams, hat Maslow dies bereits vor fünfzig Jahren erforscht und hat gefunden, dass in solchen Teams die Menschen sich derart mit ihrer Aufgabe identifizierten, das man das Wesen dieser Menschen ohne den Einbezug dieser Aufgabe gar nicht beschreiben konnte (Maslow, 1965). Die meisten Unternehmen wären schon mit einem Bruchteil dieser Art von Commitment gut bedient.

Eine geteilte, gefühlte und gelebte Vision erspart nebenbei eine enorme Menge an kontrollierenden Tätigkeiten, denn Menschen, die wissen, was sie aus tiefster Motivation heraus erreichen möchten, werden im Allgemeinen auch selber herausfinden, was dafür zu tun ist und sich dabei verantwortungsvoll verhalten. Im Bestreben, Dinge zu kontrollieren und zu beherrschen, die gar nicht zu beherrschen sind, bauen Unternehmen gigantische Controlling-Gebilde auf. Diese liefern eine Menge Zahlen, die jedoch realistisch betrachtet oft vor allem eine psychologische Funktion haben, nämlich die, die Illusion der Kontrollierbarkeit aufrecht zu erhalten. Um von dieser Illusion abzulassen, fehlt es meist an der Fähigkeit, Unsicherheit und Kontingenz auszuhalten und zu akzeptieren – auch das kein Ergebnis bösen Willens, aber dennoch ein Manko, das zu beheben sich lohnt. Davon wird später noch die Rede sein.

David Kantor, Psychologe, Unternehmensberater und klinischer Forscher mit jahrzehntelanger Erfahrung, führt in seinem Buch „Reading the Room" (Kantor, 2012) einen Begriff ein, der eine gewisse Verwandtschaft zur Vision hat: Er nennt es „narrative purpose", vielleicht annähernd zu übersetzen mit „erzähltem Zweck" eines Unternehmens. Er argumentiert, dass es eine Geschichte geben sollte, die man in einem Unternehmen erzählen kann, die die Organisation zusammenhält, ihren Sinn und ihren Zweck illustriert und ihren Erfolg fördert und die möglichst nahe an der Wahrheit sein sollte. Eine solche Geschichte sollte jedem, der sie hört, klarmachen, warum man das betreffende Unternehmen nicht besser schließen oder filetieren und die Teile meistbietend verkaufen sollte. Und wenn sie den ideellen Wert eines Unternehmens vermitteln sollen, müssen diese Geschichten idealerweise auch eine soziale, ethische und moralische Dimension aufweisen.

Stellen Sie sich vor, einen Vorgesetzten, eine nächsthöhere Vorgesetzte, einen CEO zu haben, die alle eine Vision und eine Geschichte teilen. Diese Geschichte drückt den Zweck des Unternehmens aus, in dem Sie arbeiten, und neben Aussagen zur Kerntätigkeit dieses Unternehmens enthält sie außerdem eine soziale und moralische Dimension und Relevanz. Und angenommen, diese Geschichte spricht Sie emotional an und macht Sinn für Sie, und Sie haben den Eindruck, dass die Führungskräfte in dieser Firma diese Geschichte überzeugend präsent halten und ausdrücken und mit ihren persönlichen Visionen offensichtlich so gut in Einklang gebracht haben, dass sie sie authentisch und in eigenen Worten erzählen können – wie würde es sich anfühlen, in diesem Unternehmen zu arbeiten?

Und stellen Sie sich als Unternehmer, CEO oder Verwaltungsratspräsident vor, so etwas in Ihrem Unternehmen hinzukriegen – welches Potenzial könnte Ihr Unternehmen im Markt entfalten?

Ich ermutige Sie, in Ihrem Unternehmen eine Vision und eine solche Geschichte zu entwickeln, gemeinsam mit Ihren Mitarbeitenden. Wenn Sie glauben, dafür sei Ihr Unternehmen zu groß, dann fragen Sie mal IBM: 2003 hat IBM seine Werte neu definiert, und zwar unter Einbezug von über 50.000 Personen ihrer weltweiten Belegschaft. Und wenn Sie glauben, dass es eine Menge Leute gibt, die gar keine Vision entwickeln wollen, dann garantiere ich Ihnen: Wer mal eine hat, will nicht mehr ohne sein.

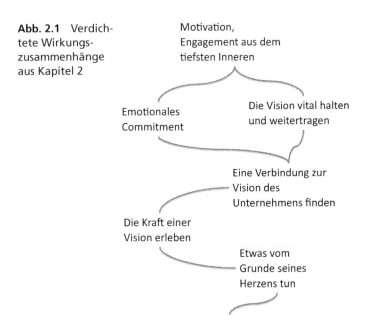

Abb. 2.1 Verdichtete Wirkungszusammenhänge aus Kapitel 2

Motivation, Engagement aus dem tiefsten Inneren

Emotionales Commitment

Die Vision vital halten und weitertragen

Eine Verbindung zur Vision des Unternehmens finden

Die Kraft einer Vision erleben

Etwas vom Grunde seines Herzens tun

Liebe

Ich glaube, es ist an der Zeit, Visionen den Platz zu geben, den Sie verdienen; eine Vision sollte das Wesentliche erfassen – und das Wesentliche sollte man nicht aus den Augen verlieren. Und das wiederum bedingt ein inneres Feuer – eine Form der Liebe (Abb. 2.1).

Kleiner Fragebogen zum Schluss

1. Finden Sie, dass Sie Ihren Job mit Liebe machen?

2. Woraus schließen Sie das (egal ob Sie mit „ja" oder „nein" geantwortet haben)?

3. Wie viel Prozent Ihres Managements macht aus Ihrer Sicht ihren Job mit Liebe?

4. Woraus schließen Sie das?

5. Wenn Sie Ihren Job nicht mit Liebe tun: was fehlt dazu?

6. Wie groß ist die Rolle der Vision Ihres Unternehmens im Arbeitsalltag? Können Sie Ihre tägliche Arbeit mit dieser Vision in Verbindung bringen?

7. Wie viele Ihrer Mitarbeitenden haben ein emotionales Commitment zu Ihrem Unternehmen, das sich auf eine tiefe Identifikation mit der Unternehmensvision gründet?

8. Hat Ihr Unternehmen eine Vision, die Sie für verfolgenswert ansehen und die Sie innerlich berührt?

9. Wenn nein: glauben Sie, dass es für Ihr Unternehmen eine solche Vision geben könnte?

10. Wenn nein: wo sehen Sie die Daseinsberechtigung für dieses Unternehmen?

11. Wann haben Sie sich das letzte Mal mit Ihrer persönlichen Vision auseinandergesetzt?

12. Sehen Sie eine Verbindung zwischen Ihrer persönlichen Vision und der Ihres Unternehmens?

13. Welchen Unterschied würde eine solche Verbindung machen – für Sie persönlich, für Ihr Unternehmen?

3

Liebe als notwendiges Gegenstück zu Macht: „Power and Love"

Nachdem ich bei der Google-Suche „Macht und" eingetippt hatte, lauteten die Vorschläge zur Fortsetzung „Ohnmacht/Geld/Ehre/Verantwortung". „Liebe"? Fehlanzeige. Das englische „Power and Love" erhält bei der Suche eine höhere Trefferquote – ein kleines Indiz für die kulturell unterschiedliche Auffassung dieses Begriffspaares. Ich werde im Folgenden die wörtliche Übersetzung „Macht und Liebe" verwenden. Auch hier sind übrigens die Ergebnisse einer Internet-Recherche vielsagend: Unter „Macht und Liebe" erscheinen vor allem Beiträge zum Thema „Machtkämpfe in Intimbeziehungen", kaum etwas zu der Art und Weise, wie sich Macht und Liebe gegenseitig ergänzen, und absolut gar nichts über die umgekehrte Perspektive, nämlich die Rolle der Liebe in Machtkonstellationen. Ich sehe Macht und Liebe als ein sich ergänzendes Paar, als zwei Phänomene, die aufeinander angewiesen sind, um voll erblühen zu können.

Mit Blick auf das Pärchen „Macht und Liebe" darf man wohl sagen, dass in der Geschäftswelt Macht viel eher thematisiert, viel offensichtlicher gelebt und bei weitem

© Springer-Verlag Berlin Heidelberg 2016
T. Koromzay, *Management und die Liebe*, DOI 10.1007/978-3-662-49517-9_3

selbstverständlicher akzeptiert ist als die Liebe, und zwar auf allen Ebenen: Führungskräfte, Berater und Autoren beschäftigen sich eingehendst mit Machtkonstellationen und der Möglichkeit, diese zu beeinflussen. Macht und Einfluss stehen im Zentrum des mikro- oder makropolitischen Abwägens und Manövrierens, man spricht von „inneren Machtzirkeln", und so weiter. Liebe hingegen wird, wenn überhaupt, meist in negativer oder gar verwerflicher Konnotation verwendet, sei es im Zusammenhang mit sexuellen Affären innerhalb von Unternehmen oder mit Seilschaften und Koalitionen, die dann jedoch auch wieder viel häufiger in den Begrifflichkeiten von Macht und Einfluss beschrieben werden. Oder aber die Liebe taucht abgeschwächt unter dem Label „Wertschätzung" auf und wird dann leider allzu oft – nicht immer, wohlgemerkt – als trainierbare Fertigkeit in Führungskursen abgehandelt, was dazu führt, dass Mitarbeitende von ihren Vorgesetzten technisch gekonntes Lob erhalten, das in ihren Ohren aber zu Recht einen hohlen Klang hat und sie nicht wirklich erreicht, geschweige denn berührt.

Und das ist verheerend: Unternehmen bleiben damit derart weit unter ihrem Potenzial an Produktivität und Kreativität, dass ich mich ernsthaft frage, wie sie sich das leisten können. Denn ein solches Ungleichgewicht aufrecht zu erhalten, ist aus unternehmerischer Sicht schlicht und einfach töricht. Und doch ist das häufig Realität, trotz der überwältigenden Fülle an schon lange vorhandenen Erkenntnissen, die samt und sonders in eine andere Richtung weisen und für ein balanciertes Verhältnis zwischen Macht und Liebe sprechen.

Verschiedenste Kulturen, Denkschulen und große Persönlichkeiten sind immer wieder zum Schluss gekommen, dass eines der wichtigsten Grundprinzipien für das Gelingen – was auch immer gelingen soll – ein Prinzip der Balance oder der Integration ist:

Das Konzept von Yin und Yang ist dafür wohl das bekannteste Beispiel. Es steht für einander entgegengesetzte und dennoch aufeinander bezogene und sich gegenseitig beinhaltende Kräfte oder Prinzipien. Das Taijitu, das bildliche Symbol dafür, drückt diese Bezogenheit aus, geht aber darüber hinaus, denn es illustriert auch, dass das Eine das Andere immer auch enthält: Im schwarzen Bereich des Symbols ist ein Punkt des weißen Bereiches integriert und umgekehrt (Abb. 3.1).

Diese Idee, dass nämlich kein Pol existieren kann ohne den entgegengesetzten Pol, auf den er sich beziehen kann, und dass die eine Seite einer Polarität die andere Seite in sich trägt, findet sich in den verschiedensten Denkschulen und Modellen wieder.

Diese Art der Bezogenheit spielt beispielsweise in der Systemtheorie von Luhmann eine Rolle. In Kürze: Nach Luhmann hat jedes System seine sogenannte Leitdifferenz, welche die Möglichkeit eines Systems steuert, Informationen zu verarbeiten: Im Gesundheitswesen ist die Leitdifferenz „gesund-krank", im Rechtswesen „Recht-Unrecht", im Wirtschaftssystem „zahlen-nicht zahlen", in der Wissenschaft „wahr-falsch" usw. Gleichzeitig postuliert Luhmann, dass *beide* Seiten der Leitdifferenz *innerhalb* des Systems eingebettet sein müssen, damit das System die Unterscheidung überhaupt treffen und sich so immer wieder differenzieren und definieren kann. Beispielsweise setzt sich das Gesund-

Abb. 3.1   Das Taijitu-Symbol für Yin und Yang

heitswesen für Gesundheit ein; nach der obigen Theorie kann es das nur, wenn Krankheit innerhalb des Systems auch repräsentiert ist. Diese konzeptionelle Logik erklärt, weshalb innerhalb des Gesundheitswesens auch viel Krankheit vorkommt (Kokainabhängigkeit, psychische Störungen usw.), weshalb in humanitären Organisationen auch Unmenschlichkeit stattfindet usw.

Die Gestalttherapie kennt das Konzept der Polaritäten: Polaritäten sind Gegensatzpaare, die jeweils die Endpunkte eines Kontinuums bilden, das die beiden Pole verbindet. Sie konstituieren in ihrer Summe das persönliche Wahrnehmen, Erleben und Handeln: Unwertigkeit-Grandiosität, Mut-Angst, Zugehörigkeit-Autonomie, zurückweisen-annehmen, Wut-Freude, Rache-Vergebung usw. In Bezug auf all diese Polaritäten haben wir die Tendenz, eine bestimmte bevorzugte Position auf dem Kontinuum zwischen den Polen einzunehmen. Die Summe dieser Positionen manifestiert sich, verkürzt gesagt, im unserem „Charakter", unseren mehr oder weniger vorhersagbaren, von anderen Menschen erwartbaren Verhaltensweisen, die in ihrer Konstanz uns selbst und anderen ein konsistentes Bild von uns ermöglichen, letztlich unsere Identität stiften. Dabei gibt es meist einen tendenziell oder auch ausgeprägt betonten Pol und einen tendenziell oder auch ausgeprägt vernachlässigten. Eine Form des persönlichen Wachstums liegt nach diesem Modell darin, sich einen größeren Bereich auf dem Kontinuum zwischen einzelnen Polen zugänglich zu machen, die eigene mentale, emotionale und verhaltensbezogene „Reichweite" zu erhöhen. Wenn wichtige Polaritäten extrem einseitig ausgeprägt sind, kann dies zu ernsthaften Störungen oder Krankheit führen.

Ähnliche Prinzipien finden sich in der ayurvedischen Ernährungstheorie. Über dieses Gebiet weiß ich sehr wenig und möchte mich hier nicht anmaßen, es angemessen darzustellen. Bei dem Wenigen, was ich darüber weiß, fällt mir jedoch auf, dass es auch hier offensichtlich Konzepte der Balance und des Ausgleichs gibt: Menschen, die z. B. dazu neigen, kalte Extremitäten zu haben, sollten „heiße" Nahrungsmittel zu sich nehmen.

Schließlich findet sich die Idee der Ausgewogenheit und Balance auch in praktisch jedem unserer alltäglichen Felder, ohne dass wir Modelle aus anderen Kulturen bemühen müssen: Ausgewogenheit wird andauernd angestrebt, empfohlen und als klug bezeichnet, sei es bei der Ernährung, bei politischen Lösungen, bei Wertpapierportfolios, bei Management-Tools wie der Balanced Scorecard, die diese Ausgewogenheit bereits im Namen trägt, und so weiter und so fort. Es erscheint mir bemerkenswert, dass die Idee von Ausgleich, Balance und Integration immer wieder in all diesen verschiedenen Denksystemen auftaucht.

Die Liste könnte zweifellos noch erweitert werden, aber alleine die genannten Beispiele zeigen, dass das kollektive Erfahrungswissen verschiedenster Kulturen dafür spricht, Ausgewogenheit, Balance und Integration von Gegensätzen anzustreben.

Umso erstaunlicher, dass ausgerechnet bei dem zentralen Begriffspaar „Macht und Liebe" diese Ausgewogenheit so wenig vorhanden ist, und das in einem Bereich, nämlich der Geschäftswelt, in dem eine dauerhaft hohe Leistungsfähigkeit und Kreativität überlebenswichtig sind. Ich behaupte, ohne diese Balance sind sie nicht zu erreichen.

Ein Zitat von Martin Luther King macht das Problem einer Dysbalance zwischen Macht und Liebe deutlich: „Macht ohne Liebe ist rücksichtslos und missbräuchlich, Liebe ohne Macht ist sentimental und anämisch" (King, aus seiner Ansprache an der „11th Convention of the Southern Christian Leadership Conference", 1967, Übersetzung des Autors). Der englische Begriff „Power" mit seiner Doppelbedeutung „Macht" und „Kraft" ist dabei gegenüber dem deutschen Wort besser geeignet, diese Bezogenheit von Macht und Liebe auszudrücken.

In Unternehmen führt die in den meisten Fällen vorhandene Dysbalance, nämlich die Vorherrschaft von Macht gegenüber der Liebe, oft zu einem nüchternen, auf Macht und Autorität basierenden Kommunikationsstil, bei dem Emotionales ausgeblendet wird. Dieser Kommunikationsstil erscheint auf der emotionalen Ebene im besseren Fall nicht spürbar, im schlechteren Fall kalt. Und er beeinflusst auf einer subtilen Ebene die Qualität der Zusammenarbeit in verheerender Art, denn er vermittelt emotionale Eindrücke, die eine offene und kreative Kollaboration sehr unwahrscheinlich machen. Einige der wichtigsten negativen Effekte eines solchen Kommunikationsstils sind:

* Er wirkt auf die meisten Menschen abweisend. Mitarbeitende, die sich Führungskräften mit einem abweisenden Kommunikationsstil gegenübersehen, werden sich nicht eingeladen fühlen, auf solche Führungskräfte aktiv zuzugehen, was für letztere wiederum bedeutet, dass sie a) sozial vereinsamen und b) zunehmend von Informationsflüssen abgeschnitten werden beziehungsweise nur noch äußerst selektive Informationen aus dem Unternehmen erhalten. Beides ist verheerend.

* Er wirkt un-bezogen und verstärkt bei den Mitarbeitenden das gefühlte soziale Gefälle, und das schafft eine gewaltige Distanz. Dieser Effekt stammt aus grauer Vorzeit. Einer der ältesten entwicklungsgeschichtlichen Mechanismen, um Rangordnung herzustellen und zu demonstrieren, ist die Verteilung der Aufmerksamkeit: Rangniedrige schauen Ranghöhere an, Ranghöhere ignorieren Rangniedrige. Dieses uralte Muster und die dazugehörigen Empfindungen werden durch die kommunikative Nicht-Beachtung wachgerufen, die Distanz zu Führungskräften wächst, die Entfernung zu produktiver Zusammenarbeit ebenfalls. Menschen, für die soziale Beziehungen wichtig sind – und das sind alle –, werden sich nicht willkommen fühlen, und Kooperation

wird sich in einer solchen Umgebung auf eine formale, möglichst risikoarme Ebene beschränken. So aber bleiben Emotionalität und Kreativität und damit ein riesiges Potenzial auf der Strecke.

* Er wirkt kalt. Das klingt banal, aber der Schaden ist groß: Mitarbeitende erhalten so auf dieser subtilen Ebene keine emotionale Nahrung in Form von gefühlter Wertschätzung. Menschen, deren Selbstwert brüchig ist, werden in einer solchen Umgebung in ihrer Leistungsfähigkeit besonders stark beeinträchtigt; Menschen mit einem sensiblen Gerechtigkeitsempfinden kriegen den Eindruck, für ihr Herzblut nichts zurück zu erhalten – und werden es daher nicht weiter verschwenden... Schließlich wird Kälte die Menschen misstrauisch und vorsichtig werden lassen, denn sie werden kein Gefühl dafür entwickeln, woran sie bei einer solchen Führungsperson sind – Innovation und offene Kommunikation werden so kaum stattfinden.

* Er wirkt last but not least bedrohlich, denn er impliziert Beziehungslosigkeit, und von dort ist der Weg kurz zur Unberechenbarkeit. Wenn Sie schon mal einen Vorgesetzten hatten, den Sie als bedrohlich empfunden haben, erübrigt sich die weitere Beschreibung der Auswirkungen einer solchen Wahrnehmung. Und wenn Sie das Glück haben, noch nie einen solchen Vorgesetzten erlebt zu haben, ist es auch nicht schwierig, sich das vorzustellen: Die natürliche Reaktion auf einen solchen Kommunikationsstil, wenn man hierarchisch unter der betreffenden Person steht, ist Ducken – die Alternative lautet Revolution, und die trauen sich nur wenige. Keine dieser Strategien ist konstruktiv oder kreativ im Sinne des Unternehmens,

weil sie letztlich nur dem Kampf ums Überleben dienen, nicht aber der erfolgreichen Weiterentwicklung der Organisation.

Die oben beschriebenen Wirkungen begünstigen den Rückzug auf Ausweichmanöver, die Bildung von Subkulturen und die Anwendung von Guerilla-Taktiken. Diese Formen der Bewältigungsstrategien werden meist von der Führung negativ wahrgenommen und bekämpft, was jedoch lediglich die Negativspirale verstärkt. Dabei sind diese Formen der Aktivität noch die bessere Variante, da die Mitarbeitenden in diesem Stadium noch über Engagement und Energie verfügen, die sie dazu einsetzen, die aus ihrer Sicht richtigen Dinge zu tun. Zum wirklichen Erlahmen eines Unternehmens führt eine andere Variante, nämlich das Abdriften in die resignative Zufriedenheit: Die Ansprüche werden radikal gesenkt, so dass die empfundene Enttäuschung viel kleiner wird. Wer nichts erwartet, kann auch nicht groß enttäuscht werden – Psychohygiene auf prekärem Niveau. Innovativ und dynamisch wird eine solche Organisation kaum sein, auch wenn die Werte zur Arbeitszufriedenheit in der Mitarbeitendenumfrage dann gar nicht so schlecht aussehen.

Es lohnt sich also unendlich, die Qualität der Liebe in Form von unbedingter Wertschätzung und Anerkennung in die Führungsarbeit zu integrieren, und zwar auf der individuellen Ebene wie auch auf der strukturellen und kulturellen. Integration bedeutet dabei nicht, Macht durch Liebe zu ersetzen, sondern das Eine mit dem Anderen zu durchdringen, so wie im Yin-Yang-Symbol. Mitarbeitende haben ein feines Gespür dafür, was in einem Unternehmen belohnt und bestraft wird, womit man sozial auf- oder absteigen kann, wie mit Misserfolg, Schwäche, Unsicherheit, Andersartigkeit und Kritik umgegangen wird und wie viel man davon gefahrlos zeigen kann.

Nichts Neues, zweifellos. Die Umsetzung lässt noch stark zu wünschen übrig.

Um diese Integration von Macht und Liebe auf der individuellen Ebene als Führungskraft leisten zu können, und zwar nicht auf dem Niveau von trainierten Skills, sondern als verinnerlichte Leistung, die von Ihren Mitarbeitenden als solche wahrgenommen wird, gibt es nur einen Weg: Persönlichkeitsentwicklung. Und das hat mit dem genannten Begriff der unbedingten Wertschätzung zu tun: Unbedingte Wertschätzung bedeutet in anderen Worten und im Klartext: Wertschätzung, die nicht an Bedingungen gebunden ist. Also: Wertschätzung, die man sich nicht verdienen muss – nicht durch Arbeitsleistung, nicht durch Gehorsam, nicht durch Schmeichelei. Diese Art von Wertschätzung können Sie anderen Menschen nur geben, wenn Sie sie auch für sich selbst übrig haben. Sie können nichts geben, was Sie nicht haben. Und deshalb führt dahin nur der Weg über die Entwicklung der eigenen Persönlichkeit.

Als Führungskraft müssen Sie sich daher mit Ihrem Verhältnis zu anderen Menschen auseinandersetzen, und zwar in ganz grundlegenden Dimensionen. Dazu gehört auf jeden Fall auch die Auseinandersetzung mit Ihren biographischen Erfahrungen mit Macht und Liebe, privat und beruflich, insbesondere mit den Bedingungen, die Sie allenfalls erfüllen mussten, um Wertschätzung zu erhalten, und mit der Frage, ob Sie diese Bedingungen heute Ihren

Mitmenschen auch stellen – Ihren Mitarbeitenden, Ihren Kindern?

Um eine Balance von Macht und Liebe auf der strukturellen und kulturellen Ebene zu etablieren, müssen Sie einen Umgang mit schwierigen Wahrheiten finden, z. B. mit der, dass die Wahrheit etwas sehr Subjektives ist, oder dass es keine einzige Entscheidung gibt, die nicht auch ihren Preis hat. Das wird es Ihnen erleichtern, auch harte Entscheidungen treffen, ohne zu zaudern, sie klar zu kommunizieren und dabei ihre Nachteile nicht auszublenden und Ihr Mitgefühl nicht auszuklammern gegenüber denjenigen Menschen, für die diese Entscheidungen Nachteile mit sich bringen. Viele Führungskräfte befürchten, dass sie ihren Drive, ihre Umsetzungsstärke, ihre Kraft verlieren, wenn sie im Geschäftsleben Gefühle aus der Familie der Liebe ausdrücken – das Gegenteil ist der Fall: Es ist der Ausdruck wahrer Stärke, einer Persönlichkeit, die sich zeigen kann und die nicht ausschließlich auf Macht oder gar Gewalt angewiesen ist, um andere zu führen. Manche Führungskräfte werden im Bemühen, die geforderten Macher-Qualitäten zu entwickeln, verbissen, hart, autoritär und stur. Paradoxerweise erzielt man als Führungskraft jedoch um ein Vielfaches größere Wirkung, je weniger man diese mit Macht erzwingen will und je mehr man Macht und Liebe integriert. Diese Einsicht ist die Basis für den Willen, Strukturen zu schaffen, die eine Integration von Macht und Liebe fördern, z. B. in der Gestaltung von Beförderungskriterien, Qualifikationsverfahren, Kriterien und Schlüssel für Bonusausschüttungen usw.

Nun ist es selbstverständlich so, dass man in einer Führungsposition nur bestehen kann, wenn man über eine

Reihe von assertiven Eigenschaften verfügt: Durchhaltewille, Ehrgeiz, Einsatzbereitschaft, Umsetzungsstärke, um
nur einige zu nennen. Es wäre vollkommen verfehlt, diese Eigenschaften gering zu schätzen oder gar abzuwerten.
Damit würde nur eine neue Dysbalance entstehen. Diese
Eigenschaften sind nötig, und sie sind auch nützlich. Bloß
sollten sie nie in einer Art und Weise gelebt werden, die
dazu führt, dass Menschlichkeit und Wertschätzung dabei
auf der Strecke bleiben. Solange aber das Risiko besteht,
dass Qualitäten der Liebe als Schwäche ausgelegt werden,
bleibt diese Gefahr sehr hoch, mit den schon beschriebenen
negativen Auswirkungen.

Edwin Nevis hat in seinem Buch über Organisationsentwicklung ein wunderbares Nachwort geschrieben mit dem
Titel „Lernen, mit dem Bedauern umzugehen". Er postuliert, dass es eine der wichtigen Aufgaben von Managern
ist, zu lernen, was Bedauern ist. Er fordert eine Bewusstheit
bei der Entscheidungsfindung, die verbunden ist mit einer
vollen Anerkennung dessen, was mit einer Entscheidung
gewonnen und was verloren wird: „Eine reife Persönlichkeit oder Organisation trifft die beste Entscheidung, die ihr
möglich ist, und empfindet Bedauern, während sie das tut"
(Nevis, 1998). Ich schließe mich dieser Sichtweise voll an.
Aus eigener Sicht möchte ich dazu zwei Dinge ergänzen:
zum Ersten, dass Bedauern nicht das *überwiegende* Empfinden sein sollte, geschweige denn das einzige – das wäre
ein Hinweis, die Entscheidung allenfalls noch einmal zu
überdenken. Dennoch sollte das Bedauern in den Entscheidungsprozess integriert werden, wie das der weiße oder
schwarze Punkt im jeweils andersfarbigen Feld des Taiji-
tu-Symbols im Konzept von Yin und Yang andeutet. Und

zum Zweiten, dass ich präzise mit Nevis übereinstimme, dass Bedauern *während* der Entscheidung empfunden werden sollte; danach aber nicht mehr. Indem das Bedauern während der Entscheidung seinen Platz erhält, kann es danach einfließen in eine ruhige Gewissheit, die bestmögliche Entscheidung getroffen zu haben. Diese wird dazu beitragen, dass Sie unangenehme Aspekte und Konsequenzen im Entscheidungsprozess nicht ausblenden, und dann werden Sie auch schwierige und weitreichende Entscheidungen mit großer innerer Sicherheit treffen und sie entsprechend standhaft und ohne sich emotional von Ihrem Gegenüber abschotten zu müssen kommunizieren, vertreten und umsetzen können.

Abb. 3.2 Verdichtete Wirkungszusammenhänge aus Kapitel 3

Persönlichkeitsentwicklung ist der Schlüssel dazu. Sie kann auf verschiedene Art gefördert werden: durch Ausbildung, Lebenserfahrung, intensive Begegnung mit anderen Menschen, Psychotherapie, durch das Ausüben einer künstlerischen Tätigkeit, durch Bücherlesen, Meditation, Pflege von Spiritualität – letztlich durch ein reich gelebtes Leben, in dem Macht und Liebe in Balance sind und sich gegenseitig bereichern (Abb. 3.2).

Kleiner Fragebogen zum Schluss

1. Sind Macht und Liebe für Sie getrennte Kategorien?

2. Wenn ja: womit verbinden Sie die jeweilige Kategorie in Reinkultur? Verfügen Sie über beide? Und wie fühlen sie sich an in Abwesenheit der jeweils anderen? Fehlt Ihnen etwas, oder auch nicht?

3. Wenn nein: wo, wann und wie haben Liebe und Macht miteinander zu tun?

4. Womit haben Sie in Ihrem Leben, privat und beruflich, mehr erreicht: mit Macht im weitesten Sinne oder mit Liebe im weitesten Sinne?

5. Mit welchen Eigenschaften assoziieren Sie Entschlossenheit? Sind das eher warme und weiche Eigenschaften oder kalte und harte? Und muss das so sein?

6. Wenn Sie sich sich selbst als entschlossen vorstellen, ist Ihre Stirn eher gerunzelt oder eher glatt?

7. Können Sie sich vorstellen, eine harte, nicht verhandelbare Forderung auf eine respektvolle Art zu äußern, ohne die Stimme zu erheben?

8. Stellen Sie sich vor, dass Sie eine Entscheidung treffen, die Sie für die bestmögliche halten, und von der Sie wissen, dass sie für einige Leute äußerst unangenehm ist und/oder ihnen nicht gerecht wird: Glauben Sie, dass es für Sie leichter oder dass es für Sie schwerer wird, wenn Sie Ihrem Bedauern über diesen Aspekt Ausdruck verleihen, sei es sich selbst gegenüber oder gegenüber den Betroffenen? Glauben Sie, dass es für die Betroffenen schwerer oder leichter wird?

9. Wie üben Sie Macht aus in Ihren privaten Beziehungen? Machen Sie von den Gelegenheiten, Macht auszuüben, Gebrauch? Wann? Wozu? Wie fühlen Sie sich damit? Sind Sie mit dem Resultat zufrieden?

10. Sind Sie schon mal jemandem, der feindselig auf Sie zukam, sanft oder gar liebevoll begegnet? Wenn nein: möchten Sie diese Erfahrung machen?

11. Macht oder Liebe: was nimmt mehr Raum ein in Ihrem Leben – beruflich wie privat? Sind Sie zufrieden mit der Balance? Wenn nein: wie könnten Sie erreichen, dass Sie etwas mehr in Richtung des vernachlässigten Pols ausgreifen und so Ihr Repertoire an Antworten auf die täglichen Herausforderungen erweitern könnten?

4

Liebe als Sinn-Erfahrung

Die Erfahrung von Liebe ist sehr oft verbunden mit einer gleichzeitigen unmittelbaren Erfahrung von Sinn. Dieser Sinn steht einem klar vor Augen, mit einer absoluten Gewissheit und einer unmittelbaren Qualität von Richtigkeit, die nicht weiter kommentiert werden muss, über die nicht weiter nachgedacht werden muss – eine Sinnerfahrung, die einen als Ganzes leiblich erfasst.

Künstler können solchen Erfahrungen in einer Art und Weise Ausdruck geben, wie es anderen Menschen selten gelingt. Als Beispiel sei ein Zitat aus dem Film „A Beautiful Mind" angeführt. Die Hauptfigur, ein an Schizophrenie erkrankter Mathematiker, dem lange Zeit nach seinen Entdeckungen der Nobelpreis verliehen wird, spricht in seiner Dankesrede diese Worte, an seine Lebensgefährtin gewandt:

> „Ich habe immer an Zahlen geglaubt, an die Gleichungen, die Gesetze der Logik, die zur Vernunft führten. Aber nach lebenslangen Bestrebungen dieser Art frage ich: Was ist die Logik in Wahrheit? Wer entscheidet, was Vernunft ist? Meine Suche führte mich durch das Physische, durch das Metaphysische, das Wahnhafte und wieder zurück. Und ich habe die wichtigste Entdeckung meiner Karriere gemacht, die wichtigste Entdeckung meines Lebens: Nur in

© Springer-Verlag Berlin Heidelberg 2016
T. Koromzay, *Management und die Liebe*, DOI 10.1007/978-3-662-49517-9_4

den rätselhaften Gleichungen der Liebe kann man irgendwelche logischen Gründe finden. Ich bin heute Abend nur
deinetwegen hier. Du bist der Grund, weshalb ich bin. Du
bist mein einziger Grund. Danke." (Schlußszene aus dem
Film „A Beautiful Mind", 2001).

Diese Passage lässt erahnen, welche Kraft tief empfundener
Sinn für einen Menschen hat. Wenn Sie diese Erfahrung
selber schon gemacht haben, muss ich Ihnen nichts darüber
erzählen.

Was hat das mit Leadership und Management zu tun?
Sehr viel, denn Sinn ist eine absolut zentrale Dimension für
Unternehmen und für Einzelpersonen, und das Potenzial
dieser Dimension liegt nach meiner Einschätzung weitgehend brach.

Die Rolle von Sinn im Unternehmenskontext wird beispielsweise in der Systemtheorie des Soziologen Niklas Luhmann deutlich. Um das zu verdeutlichen, ist es nötig, die
Grundbegriffe „Operation" und „Medium" dieser Theorie
zu skizzieren. Ich tue das in einer gestrafften, rudimentären
Art, die an dieser Stelle jedoch genügt. Ich lehne mich dabei
an die Darstellung von Margot Berghaus (2011) an, die ver-
dienstvollerweise diese Theorie in eine leicht verständliche
Sprache gefasst hat.

Nach Luhmann bestehen Systeme nicht aus Dingen, sondern aus sogenannten „Operationen". Operationen sind die
Art von Aktivität, die ein solches System konstituiert. Dabei
hat jeder Systemtyp genau eine konstitutive Operationswei-
se – im Falle der sozialen Systeme ist das Kommunikation. Soziale Systeme sind also Kommunikationssysteme. Im
Falle von psychischen Systemen – Menschen sind im Luh-

mannschen Modell psychische Systeme – besteht die konstituierende Operation aus Bewusstseinsprozessen.

Kommunikation wiederum ist ein so komplexer Vorgang, und es müssen so viele Voraussetzungen für gelingende Kommunikation erfüllt sein, dass ihr Zustandekommen eigentlich sehr unwahrscheinlich ist, man sich also wundern kann, dass sie überhaupt stattfindet. Um ihre Gelingenswahrscheinlichkeit zu erhöhen, führt Luhmann das Konzept des Mediums ein: Medien begrenzen den Selektions*spielraum* für Operationen, ohne die Selektions*möglichkeit* zu unterbinden und ohne sich zu verbrauchen, wenn man sie benutzt. Am Beispiel der Kommunikation: Sprache ist das Medium für Kommunikation. Sie stellt eine begrenzte Zahl von Worten und Zeichen zu Verfügung; innerhalb dieses Rahmens stehen aber unendlich viele Wahl- und Kombinationsmöglichkeiten zur Verfügung. Das Alphabet, die Worte und die Grammatik bleiben dabei immer erhalten, egal wie viel schon gesprochen und geschrieben wurde und noch wird. Die Begrenzung des Spielraumes der Kommunikation durch die Sprache macht es wahrscheinlicher, dass man sich kommunikativ trifft und der Empfänger einer Botschaft dieser Botschaft verstehend eine Bedeutung geben kann.

Was an dieser Stelle entscheidend ist: Luhmann postuliert, dass Sinn ein Medium ist, das sowohl von psychischen wie von sozialen Systemen benutzt wird. Sinn ist das verbindende Medium zwischen Einzelpersonen – psychischen Systemen – und sozialen Systemen, die ansonsten gemäß Luhmann völlig verschieden operieren.

Wenn man dieser Theorie folgt – und das tun viele Leute –, dann leite ich daraus die folgende Konsequenz für Unternehmen ab: Wenn kein Sinn gestiftet wird, wird es keine Verbindung zwischen den Mitarbeitenden und dem Unternehmen geben. Diese desaströse Perspektive sollte für jede Führungskraft Motivation genug sein, um von dieser Möglichkeit abzusehen.

Hier setzt auch das Konzept des „narrative purpose" an, das ich im ersten Kapitel erwähnt habe. Vision und Sinn sind natürlich eng miteinander verwoben. Sie benötigen diese Dimension in Ihrem Unternehmen, sonst riskieren Sie, die Verbindung zu Ihren Mitarbeitenden zu verlieren. In der Realität geschieht das auch häufig, und ein empfundener Sinnverlust ist nicht selten Anlass für massive individuelle Krisen, die sich auf die Leistungsfähigkeit, die Loyalität zum Arbeitgeber, die persönliche Lebensqualität und letztlich auf die Gesundheit auswirken können – auf die individuelle der Mitarbeitenden und die wirtschaftliche des Unternehmens.

Untersuchungen zur Arbeitszufriedenheit zeigen immer wieder das gleiche Bild: Im Zentrum dieser Zufriedenheit stehen die Arbeitsinhalte und die Beziehungsqualität zu anderen Menschen im Unternehmen, und bei diesen Dimensionen spielt die Sinnhaftigkeit des eigenen Tuns eine entscheidende Rolle. Erschöpfung und Burnout im Arbeitsprozess sind sehr häufig mit dem subjektiven Verlust dieser Sinnhaftigkeit verbunden. Burnout ist immer auch Sinnkrise. Deshalb gibt es auch ein erhöhtes Risiko, dass Menschen nach Burnout und dessen Folgeerkrankungen nicht mehr in ihren alten Job zurückkehren wollen. Denn wenn sie diese Sinnhaftigkeit auch nach einer Zeit des Abstandes und der Reflexion nicht erkennen oder wieder erkennen, kann es leicht zum endgültigen inneren Bruch mit der alten Tätigkeit kommen. Diese Erkenntnisse sind nicht neu und gehören für jeden Personalleiter zum Basiswissen. Dennoch wird die Sinndimension im Alltag der Arbeitswelt viel zu oft in den Hintergrund gedrängt und verliert dadurch den größten Teil ihrer Kraft.

Mitarbeitende möchten Sinn empfinden bei ihrer Arbeit. Das gilt nicht nur für die berühmte Generation Y. Diese Generation ist nur die erste, die sich getraut, das laut zu sagen und gegebenenfalls die Konsequenzen zu ziehen. Das bedeutet auch, dass Unternehmen und Führungskräfte in Zukunft nicht an diesem Thema vorbeikommen. Eigentlich kommen sie schon heute nicht darum herum, bloß konnten Unternehmen sich das rätselhafterweise bisher offenbar leisten. In Zukunft wird das nicht mehr der Fall sein, also fangen Sie besser früher als später damit an, sich damit auseinanderzusetzen.

Fritz B. Simon hat bereits vor zehn Jahren zum Thema Sinn eine, wie ich finde, bestechende Argumentation entwickelt: Profit ist für ein Unternehmen nötig, um zu überleben, aber Profit zu machen kann niemals der Sinn eines Unternehmens sein. Das zu behaupten, wäre, als würde man behaupten, der Sinn des Lebens sei es, zu essen.

Die Sinnfrage spielt in praktisch jeden Bereich eines Unternehmens hinein. Interne und externe Kommunikation beispielsweise muss immer weit über die Finanzzahlen hinausgehen. In nach außen gerichteten Geschäftsberichten und Medienmitteilungen tut sie das auch oft – intern wird das hingegen oft sträflich vernachlässigt, und das ist fatal, weil dies den Zynismus von Mitarbeitenden nährt, die dann die Hochglanzberichte ihrer Arbeitgeber mit Sarkasmus quittieren und sich vom eigenen Unternehmen entfremden. Häufig zu hörende Aussagen des Managements wie „Wir sind hier, um Geld zu machen" oder „Es geht ums Geschäft, alles andere ist zweitrangig" kommen da schlecht an. Wenn mir Mitarbeitende eines Unternehmens erzählen, dass es in ihrer Firma nur ums Geld gehe, dann ist das nie ein Ausdruck von hoher Motivation und Identifikation, sondern eher von Resignation oder Zynismus. Mein Ratschlag: Sprechen Sie als Führungskraft über Sinn, und handeln Sie entsprechend.

Die falsche Frage

In der Analyse von Prozessen, Ereignissen und Resultaten wird die Sinndimension sehr häufig vernachlässigt, womit man eine Fülle von wertvollen Informationen verpasst. Und die falsche Abbiegung wird häufig genommen, weil man auf der sprachlichen Ebene schlicht die falschen Fragen stellt.

Eine Unterscheidung, der die meisten Leute auf Anhieb zustimmen würden, ist die Unterscheidung von Sinn und Ursache. „Sinn" verweist im weitesten Sinne auf eine Bedeutung oder einen Zweck, „Ursache" auf reine Kausalität. Dennoch wird erstaunlich oft auf eine Art und Weise nach Sinn gefragt, die sprachlich auf Ursache zielt, und zwar mit dem Wort „warum": „Warum tue ich das alles?", um ein Beispiel zu nennen. Diese Frage führt in die Irre.

Auf den ersten Blick mag das als sprachliche Spitzfindigkeit erscheinen. Aber Sprache ist nunmal das dominierende Medium in der bewussten Kommunikation, und in meiner Tätigkeit als Psychotherapeut habe ich gelernt, dass Sprachgebrauch und Wortwahl enorm wichtig und machtvoll sind. Sprachgebrauch setzt eine Tonalität, eine Grundstimmung, und Worte docken an tief verwurzelte Erfahrungen und Konzepte an und beeinflussen so maßgeblich unsere subjektive Wirklichkeit.

„Warum" können Sie im Umgang mit Menschen getrost aus Ihrem Vokabular streichen. Nehmen Sie stattdessen das Wort „wozu", denn es hat entscheidende Vorteile. Die Frage „Warum?" weist in die Vergangenheit; sie gaukelt vor, dass ein Verhalten auf eine einfache Kausalkette zurückgeht; und sie baut beim Befragten sehr schnell das Gefühl auf, sich rechtfertigen zu müssen. Wir haben alle mehr oder weniger leidvolle Erfahrungen mit Autoritätspersonen gemacht, die uns gefragt haben „Warum hast du das gemacht?" und damit eigentlich sagen wollten: „Das war schlecht/falsch/dumm...". Eltern, Lehrer, Vorgesetzte haben dafür gesorgt, dass wir nicht gern nach dem Warum gefragt werden. Nach dem Warum zu fragen, ist

* im besseren Fall nutzlos, weil es nach Kausalität fragt, die in der heutigen komplexen Welt viel zu kurz greift und damit zu einer dummen Frage wird,
* im schlechteren Fall kontraproduktiv, weil Sie damit Ihr Gegenüber sofort in die Enge manövrieren und dann nicht erwarten können, dass es sich auf eine offene und konstruktive Diskussion einstellt.

Die Frage „Wozu?" hingegen weist in die Zukunft, und sie verweist auf die Sinndimension; sie legt das Gewicht auf die *Funktion* eines Verhaltens statt auf seine Ursache und erschließt so die Motivation, aus der ein Verhalten hervorgeht, und die Überlegungen, die sich jemand gemacht hat. „Wozu" liefert viel bessere Information als „warum".

Dabei hat die Frage nach der Vergangenheit durchaus ihren Wert, denn die eigene Geschichte prägt offensichtlich unser heutiges Verhalten, und die Geschichte eines Unternehmens prägt auch das aktuelle Verhalten in einem Unternehmen. Ich halte in dieser Hinsicht wenig von sogenannt lösungsorientieren Techniken und Modellen, die ernsthaft behaupten, die Vergangenheit sei gar nicht wichtig. Aber selbst bei der Erforschung der Vergangenheit führt die Frage „Warum?" nicht weiter. Hier ist vielmehr die Formulierung „wie kommt es, dass …" angebracht, denn mit ihr erschließt sich die Entstehungsgeschichte der Gegenwart, und der Fokus wird auf das *Prozesshafte* von sozialen und psychischen Vorgängen gelegt. Mit solchen Fragestellungen gelangt man an Ursprünge und Prozesse, nicht an Ursachen. Mit Ursprüngen kann man arbeiten: Man kann sie bewältigen, neu betrachten, man kann sie verstehen, einordnen. Mit Prozessen kann man auch arbeiten: Man kann sich fragen, wie man die Dinge bisher getan hat und sich Optionen erarbeiten, sie in Zukunft anders zu tun. Das kann von unschätzbarem Wert sein für die Gegenwart und die Zukunft, sei es in der Persönlichkeitsentwicklung bei Einzelpersonen oder in der Identitätsklärung und Zukunftsausrichtung einer ganzen Organisation. Fragen Sie also nicht „warum?", sondern fragen Sie „wie kommt es, dass …?".

Im Bereich der Psychotherapie war aus dieser Perspektive die Konzentration auf das Warum der entscheidende kapitale Fehler der Psychoanalyse, die ursprünglich annahm, dass die Einsicht in die Ursache eines heutigen Verhaltens alleine schon genügt, um Heilung zu bewirken. Davon geht heute niemand mehr aus. Spätere Strömungen in der Psychotherapie wie z. B. lösungsorientierte und andere Kurzzeittherapien haben dann in einer überzogenen Gegenreaktion den nächsten Fehler gemacht, indem sie glaubten, den Fehler der Psychoanalyse damit beheben zu können, dass sie ganz aufhörten, sich mit der Vergangenheit, sprich Biographie, zu beschäftigen. In diesem Punkt liegt meiner – zugegebenermaßen befangenen – Ansicht nach die Brillanz der Gestalttherapie, einer humanistischen Psychotherapiemethode: Sie hat der biographischen Zeitlinie ihren Stellenwert gelassen, hat jedoch den Perspektivenwechsel zum prozesshaften „Wie kommt es" und zum „Wozu", also zu Funktion und Prozess und damit auch zur Zukunfts- und Ressourcenorientierung vollzogen. Zusammen mit ihrer Handlungsorientierung und der Betonung von emotionaler Involviertheit stellt sie heute eine Methode dar, die praktisch von sämtlichen Befunden der Wirksamkeitsforschung bestätigt wird und bei der sich auch andere Methoden gerne bedienen.

Die Psychoanalyse war jedoch lange Zeit die dominierende Methode, auch in der öffentlichen Wahrnehmung, und das Bild des Analysanden auf der Couch ist auch heute noch das prototypische Bild für Psychotherapie, obwohl heutzutage noch nicht mal mehr alle Analysanden auf der Couch liegen. Dieses Bild hat, zusammen mit den Erfolgen und dem Ansehen der Naturwissenschaften, dazu beigetragen, dass das Konzept von Kausalität auch im sozialen Kontext lange dominierte und nach meiner Einschätzung auch heute noch die sozialen Konzepte, auch und gerade die von Führungskräften, dominiert.

Die Fragen nach dem Warum führen aber in die Irre, wenn ihr Objekt, in unserem Fall soziale Systeme und Einzelpersonen, zu komplex ist, um kausal erklärt werden zu können. Wenn man dies trotz dieser Komplexität hartnäckig versucht, gerät man in einen Dschungel von Korrelationen, ohne je zu einer schlüssigen Kausalität zu gelangen (weil die nämlich schlicht nicht da ist), und verliert sich in immer anstrengenderen Bemühungen, die so gut wie nichts an Erkenntnisgewinn bringen – siehe Hirnforschung, die Mühe zu haben scheint, irgendetwas herauszufinden, was Psychologie und Philosophie nicht schon lange wissen, siehe immer neue und kompliziertere Flussdiagramme, die menschliches Verhalten erklären sollen, siehe die Erklärung von psychischen Vorgängen mit Metaphern aus der Computerbranche. Der neueste Trend in dieser Richtung heißt Big Data, und ich glaube, dass Big Data gute Chancen hat, sich hier einzureihen, was die langfristigen Resultate angeht, es sei denn, es gelingt, Algorithmen zu entwickeln, die nicht auf Kausalmodellen basieren, sondern Prozessmuster aufstöbern. Da eröffnet sich die Chance, immerhin vom „Warum" zum „Wie" zu gelangen – das „Wozu" bleibt solchen Analyseprogrammen jedoch verschlossen. Die Denkkategorie von Zweck und Funktion bleibt Menschen vorbehalten, und ohne diese Kategorie schmecken Daten irgendwie fade.

Denn was bei all diesen Versuchen der kausalen Erklärungen auf der Strecke bleibt, ist Sinn. Und das ist wirtschaftlich gesehen fahrlässig und verschwenderisch und menschlich gesehen tragisch, denn ohne Sinn ist das Leben hohl und ein Unternehmen lahm. Sinn nährt, und zwar auf diversen Ebenen:

* Sinn fördert die allgemeine Zufriedenheit.
* Sinn liefert Motivation, um an etwas mitzuarbeiten, dessen Zweck einen emotional berührt und überzeugt.

Abb. 4.1   Verdichtete Wirkungszusammenhänge aus Kapitel 4

* Sinn kann die Kraft verleihen, mit Misserfolgen und Rückschlägen umzugehen und sich dabei nicht zurückzuziehen.
* Sinn stärkt ganz allgemein die Resilienz.
* Wenn Sinn gemeinschaftlich erlebt wird, führt er zu einem enormen Zusammenhalt.

All diese Ressourcen sind für ein Unternehmen gleichermaßen von unschätzbarem Wert. Aktive Sinnstiftung und ein Fokus auf Prozess und Funktion anstatt auf Kausalität können diese Ressourcen aktivieren. Das sind die wahren „human resources" oder noch besser die „resources of humans", und die gilt es mehr als zu managen: Es gilt, sie zu nähren. Sinn eignet sich dafür in hohem Maße, und ein Parfüm von Sinn enthält immer eine Essenz der Liebe (Abb. 4.1).

Kleiner Fragebogen zum Schluss

1. Gab es Momente in Ihrem Leben, in denen Sie zutiefst Sinn empfunden haben?

2. Können Sie sich diese Momente so in Erinnerung rufen, dass Sie dieses Gefühl wieder empfinden? Und wenn ja, können Sie dieses Empfinden beschreiben – auf der Ebene von Gedanken, Emotionen, körperlichem Erleben?

3. Können Sie sich Sinn lieblos vorstellen?

4. Gab es Momente von tiefer Sinnhaftigkeit in Ihrem beruflichen Leben? Wie haben diese Momente Ihr Befinden, Ihre Motivation, Ihren Umgang mit Ihren Arbeitskollegen und -kolleginnen beeinflusst?

5. Wenn es solche Momente nicht gegeben hat: können Sie sich vorstellen, dass es sie geben könnte? Was müsste geschehen, um das möglich zu machen?

6. Könnten Sie auf das Warum verzichten, wenn Sie das Wozu kennen würden?

7. Wenn nein: wie kommt es, dass Sie auf das Warum nicht verzichten können, und wozu brauchen Sie das Warum?

8. Was ist der Sinn des Unternehmens, in dem Sie arbeiten, oder das Ihnen vielleicht sogar gehört?

9. Gibt es eine Tätigkeit in Ihrem Unternehmen, die nicht plausibel mit diesem Sinn in Verbindung gebracht werden kann? Wenn ja, wie rechtfertigen Sie diese Tätigkeit?

10. Wie viel Prozent Ihrer Belegschaft empfinden mehrmals pro Woche ein Bewusstsein für den Sinn Ihres Unternehmens? Was schätzen Sie?

11. Sind Sie zufrieden mit der von Ihnen geschätzten Zahl? Wenn nein: was können Sie dazu beitragen, das sie steigt?

5

Liebe als Kontrapunkt zur Ratio

Liebe macht blind, Liebe vernebelt die Sinne, Liebe macht einen zum Trottel, man wird wahnsinnig vor Liebe: Redewendungen in diesem Sinne gibt es zuhauf, und das Letzte, was man jemandem zuschreibt, der trunken vor Liebe ist, ist rationales Verhalten. Was alles aus Liebe geschieht, füllt Bücherregale und hat die größten Dichter und Schriftsteller beschäftigt und inspiriert. Liebe gilt als Symbol für den Prototyp und Kulminationspunkt der Gefühlswelt schlechthin.

Wenn man bedenkt, in welchem Maß Emotionalität in der Managementwelt stigmatisiert wird, ist leicht nachzuvollziehen, dass gar von Liebe zu sprechen, beim durchschnittlichen Manager mehr als nur Irritation hervorruft. „Emotional" zu sein, gilt als unprofessionell, da irrational. In der Führungsetage sind schließlich analytische, verstandesmäßige und umsichtige Entscheide gefragt, und der Verdacht der Emotionalität wiegt in diesem Kontext so schwer, dass Emotionalität an sich praktisch komplett ausgeblendet, verdrängt, abgewürgt und von sich gewiesen wird, bis zur Verleugnung, ganz besonders in der Öffentlichkeit.

Stellvertretend für diese Haltung kann die Aussage eines Topmanagers in einem Zeitungsinterview aus dem Jahr 2014 angeführt werden: „Ich neige nicht zu Emotionen, ich arbeite definierte Programme diszipliniert ab." Ein

© Springer-Verlag Berlin Heidelberg 2016
T. Koromzay, *Management und die Liebe*, DOI 10.1007/978-3-662-49517-9_5

paar Sätze weiter sagt er zum Umbau seines Konzerns: „Was man da braucht, ist nicht Emotionalität, sondern einen klaren Verstand" (Tagesanzeiger vom 12. Mai 2014).

Diese Passage beleuchtet beispielhaft ein Konzept, das zu einem der fatalsten Fehlschlüsse im gängigen Denken von vielen Managern führt, nämlich das Konzept, klaren Verstand und Emotionalität als einander entgegengesetzte, voneinander getrennte und sogar sich gegenseitig ausschließende Begriffe zu verwenden, mit der klaren Konnotation „Emotionalität ist schlecht/unprofessionell, klarer Verstand ist gut/professionell". Daraus wird der Fehlschluss abgeleitet, man erhalte einen klaren Verstand, wenn man die Emotionalität aussperrt.

Es gibt genügend Forschungsliteratur darüber, dass Entscheidungsprozesse letztlich emotionale Prozesse sind. Selbst wenn Sie für eine Entscheidungsfindung Stunden oder auch Tage damit verbringen, Fakten zu sammeln und diese systematisch gegeneinander abzuwägen, rechnerische Simulationen durchzuführen, Entscheidungsmatrizen rauf- und runterzuexerzieren, werden Sie am Ende doch genau die Entscheidung treffen, bei der sich das *Gefühl* der Richtigkeit einstellt.

Neuropsychologische Forschung hat gezeigt, dass bei Entscheidungsprozessen die Aktivität im limbischen System, wo schwerpunktmäßig Emotionen verarbeitet werden, ganze 0,3 Sekunden (also eine Ewigkeit in der neuronalen Welt) vor der Aktivität des Großhirns einsetzt. Ich bin ein Skeptiker der Neuroforschung, sobald sie vorgibt, Dinge im Detail erklären zu können, aber eine derartig grobe und eindeutige Reihenfolge spricht eine klare Sprache: Wir haben entschieden, bevor wir die Entscheidung denken. Tiere kommunizieren übrigens weitgehend mit dem limbischen System und können feinste Signale wahrnehmen, die auf dieser Ebene gesendet werden. Deshalb wissen beispielsweise Hunde, mit welcher Absicht wir uns aus unserem Stuhl erheben, noch bevor wir überhaupt das Wort „Spaziergang" gedacht haben, und sind auf den Beinen bzw. auf den Pfoten, noch bevor wir die Hände auf die Stuhllehnen legen konnten, um aufzustehen.

In unserer emotionalen Struktur sind Unmengen von verdichteter Information gespeichert, als Resultat von hunderten oder tausenden Erfahrungen, die wir während unseres Lebens gemacht haben, und zwar sowohl auf der emotionalen wie auch auf der rationalen Ebene. Das Bauchgefühl enthält als Kondensat sowohl emotionale wie intellektuell verarbeitete Erfahrung. Mit anderen Worten: Emotionalität auszublenden, bedeutet, auf den weitaus größten Teil des Erfahrungsschatzes zu verzichten, der uns zur Verfügung steht. Wer Emotionalität ignoriert, ignoriert somit auch einen schönen Teil seiner verstandesmäßigen Ressourcen.

Dabei ist der Glaube, Emotionalität überhaupt außen vor lassen zu *können*, vollkommen irrig, denn der Grundbauplan unseres seelischen Innenlebens stammt entwicklungsgeschichtlich aus der Steinzeit, und das bedeutet, dass emotionale Prozesse Priorität haben, weil sie die Fähigkeit haben, rasche und klare Botschaften zu transportieren. Diese „Vorfahrt" von Emotionen erklärt beispielsweise, warum sich hoch intelligente Leute von Sekten vereinnahmen lassen. Das geschieht nicht auf einer rationalen Ebene, sondern auf einer emotionalen, und der hat die Ratio nichts, aber auch gar nichts, entgegenzusetzen.

Die tiefenpsychologische Sicht, wie sie beispielsweise in
der Gestalttherapie verwendet wird, eröffnet einen Weg, um
das Potenzial von Emotionalität zu nutzen. Sie stellt eine
Theorie zur Verfügung, die sich eignet, um hilfreiche und
weniger hilfreiche Einflüsse der Emotionalität voneinander
zu unterscheiden: Wir haben alle unsere blinden Flecken.
Wir haben alle im Lauf unseres Heranwachsens in hoch
emotionalen Situationen Schlussfolgerungen über die Welt
und über andere Menschen gezogen. Einige dieser Schlussfolgerungen kristallisieren sich zu permanenten Strukturen,
die über Gebühr oft reaktiviert werden, selbst in Situationen, in denen sie nicht (mehr) die beste Wahl sind. Das
bedeutet: Wenn wir uns selber nicht gut kennen in dieser
Beziehung und die Dinge einfach geschehen lassen, riskieren wir, in hoch emotionalen Situationen wenig hilfreiche
Entscheidungen zu treffen in Bezug auf unser Verhalten –
wir werden von unseren Emotionen überschwemmt und
vereinnahmt und verlieren uns in alten, fixierten Stereotypen, anstatt auf die jeweils aktuelle Situation im Augenblick
adäquat zu reagieren. In einer solchen Situation hat Emotionalität durchaus ihre Risiken, und gegenüber einer solchen
Emotionalität ist die Skepsis von Managern auch angebracht, weil sie eine Quelle von Verzerrungen ist für die
Wahrnehmung, Beurteilung, Entscheidungsfindung und
für das Verhalten.

Deshalb ist es wichtig, sowohl für die Gestaltung des
eigenen Lebens wie auch für die Ausübung einer Führungstätigkeit, in der kluge und weise Entscheidungen gefragt
sind, die eigene Emotionalität und deren Geschichte zu
kennen und sie – idealerweise – so zu verarbeiten, dass Sie
in Ihren emotionalen Reaktionen nicht dauernd die alten

Platten von früher abspielen, sondern jeweils aktuell und frisch auf die gegenwärtige Situation reagieren können. Interessanterweise benötigen an diesem Punkt Psychotherapeuten und Manager die gleiche Fähigkeit, nämlich, die eigenen emotionalen Reaktionen differenziert wahrnehmen zu können und dabei innerlich einen Schritt Abstand zu nehmen, um die reichen Informationen, die sie enthalten, nutzen zu können, ohne aus einem Zustand der emotionalen Überschwemmung heraus impulsiv zu reagieren. Psychotherapeuten lernen das professionell, Manager müssen sich selbst darum kümmern – ich kann es Ihnen nur empfehlen, wenn Sie in höheren Führungspositionen reüssieren möchten.

Die Fähigkeit, diesen Modus des Erlebens aktivieren zu können, ermöglicht es, Emotionalität in Managemententscheidungen zu integrieren. Das bedingt jedoch, dass Sie sich mit ihr auseinandersetzen und sie konsequenterweise in Entscheidungssituationen in Teams, beispielsweise in Geschäftsleitungen oder Verwaltungsräten, offenlegen. Davon sind die meisten Führungsgremien weit weg, behaupte ich. Dabei wäre das eine wirksame Präventionsmaßnahme gegen schlechte Entscheidungen, denn die emotionalen Befindlichkeiten sind so oder so da – Sie können bloß entscheiden, ob Sie sie nutzen oder nicht. Den klarsten Verstand erhalten Sie, wenn Sie Ihrer Emotionalität die volle Präsenz ermöglichen.

Die Ablehnung und Vermeidung von Emotionalität im Management hat weitreichende Nachteile: Um alles in einem möglichst rein rationalen System erklären zu können, werden Informationen, die sehr viel Emotionalität enthalten, reduziert auf die wenigen Dinge, die zähl- und messbar

sind, und abgebildet in möglichst mathematisch-naturwis-
senschaftlich anmutende Zahlenreihen. Zählbarkeit erhält
Priorität gegenüber Aussagekraft, und es gibt tatsächlich
viele Messskalen, die herzlich wenig darüber aussagen, was
sie messen sollten. In diesem Bereich liegt eine ganze Welt
von Möglichkeiten brach. Ich glaube, dass viele Messgrößen
nicht in Zahlen, sondern in Sprache ausgedrückt werden
sollten. Es gibt Untersuchungsmethoden aus den Sozialwis-
senschaften oder auch neuere Technologien wie z. B. Tag
Clouds, die es erlauben, Sprache zu untersuchen und aus ihr
Tendenzen und Bedeutungsverdichtungen zu extrahieren.
Unternehmen, denen dies gut gelingt, werden viel bessere
und nützlichere Informationen erhalten als „die Kunden-
zufriedenheit ist um 0,3 Punkte gefallen im Vergleich zum
Vorjahr".

Schließlich gibt es einen Bereich von Führung, der immer
schon wichtig war und heute zunehmend Aufmerksamkeit
erhält, da insbesondere die sehr großen Unternehmen einen
Einfluss haben, der weit über das Wirtschaftssystem hinausgeht und Auswirkungen hat auf Politik, auf den sozialen
Frieden, auf den Umweltschutz: Es handelt sich um den
Bereich von Moral und Ethik, der seinen Niederschlag
findet etwa in Statements zu Corporate Governance und
Corporate Social Responsibility. Führungskräfte müssen
ihre Entscheidungen heute balancieren zwischen verschiedenen Ebenen, auf denen ihre Entscheidungen beurteilt
werden. Wirtschaftliche, soziale, politische, ethische, moralische Aspekte müssen abgewogen werden, um die bestmögliche Entscheidung zu treffen. Werte, Ethik und Moral sind
aber in einem hohen Ausmaß mit emotionalem Empfinden
verbunden. In diesen Gebieten wird sich nur zurechtfinden,

wer über eine reife Emotionalität verfügt und eine Vorstellung davon hat, wie sich diese Emotionalität entwickelt hat und wo die eigenen blinden Flecken sind. Manager, die sich von Emotionalität distanzieren, sind langfristig eine Gefahr für ihr Unternehmen. Wenn Sie in einem Unternehmen Verantwortung übernehmen möchten, sollten Sie sich mit der eigenen Persönlichkeit und der eigenen Emotionalität eingehend befassen und sich Ihre emotionale Berührbarkeit erhalten. Ihr Verstand wird dadurch klarer werden, die Verzerrungen in Ihrer Wahr-

Abb. 5.1 Verdichtete Wirkungszusammenhänge aus Kapitel 5

nehmung, Urteilsfähigkeit, Entscheidungsfindung und in Ihrem Verhalten weniger. Oder anders gesagt: Erst die Liebe gibt der Ratio ihre ganze Kraft (Abb. 5.1).

Kleiner Fragebogen zum Schluss

1. Glauben Sie, dass es grundsätzlich möglich ist, Entscheidungen rein rational zu fällen?

2. Können Sie sich vorstellen, dass emotionale Faktoren bei weitreichenden Entscheidungen über Investitionen in Millionen- oder gar Milliardenhöhe letztlich entscheidend sind?

3. Wenn ja, beunruhigt Sie das?

4. Wie sehen Sie das Verhältnis zwischen Rationalität und Emotionalität? Neutrales Nebeneinander/sich gegenseitig behindernd/sich ergänzend/sich gegenseitig erst ermöglichend usw.?

5. Möchten Sie als Mensch mit einer reichen Emotionalität gelten?

6. Möchten Sie als Manager mit einer reichen Emotionalität gelten?

7. Was wissen Sie über die emotionalen Situationen, die Sie im Laufe Ihres Lebens geprägt haben? Darüber, wie diese Prägungen Ihre Wahrnehmung, Ihre Beurteilung von Situationen, Ihren Entscheidungs- und Verhaltensstil beeinflussen?

8. Wie geübt schätzen Sie sich selber ein im Umgang mit Emotionen?

9. Beeinflusst dieser Grad an Geübtheit Ihr Zutrauen oder Ihre Skepsis gegenüber Emotionalität?

10. Sind Sie in der Lage, einen Wahrnehmungsmodus zu aktivieren, in dem Sie Ihre emotionalen Reaktionen differenziert wahrnehmen können, ohne von ihnen überschwemmt oder zu impulsiven Handlungen verleitet zu werden?

11. Glauben Sie, es wäre in einer komplexen Situation, in der Sie im Team zu einer guten Entscheidung gelangen möchten, hilfreich, wenn Sie Einblick hätten in die emotionalen Hintergründe der Argumente, die im Raum stehen? Oder sehen Sie vor allem Nachteile? Oder beides?

12. Glauben Sie eher, dass es eine Erleichterung oder eine Erschwernis wäre, Emotionalität einen signifikanten Platz in Ihrem beruflichen Leben zu geben – im ersten Moment, und dann mit der Zeit?

6

Liebe als Symbol für das Unplanbare

Liebe kommt nicht, wenn man sie verbissen sucht – sie kommt, wenn man sie nicht sucht. Sie können niemanden zwingen, sich in Sie zu verlieben – es passiert oder es passiert nicht. Liebe kommt und geht, man kann sie nicht greifen, nicht zähmen, nicht kontrollieren, nicht planen, und wenn sie einen erreicht, hat man nicht die geringste Chance, ihr zu widerstehen.

Das Staunen über dieses Mysterium, die Freude oder auch die Verzweiflung darüber ist Inspiration für die Kunst, die diese Gewalt, die sich genauso erlösend wie quälend entfalten kann, in unzähligen Meisterwerken beschrieben, besungen, gespielt und gemalt hat.

Man kann sich gegen diese Eigenschaft der Liebe wehren oder nicht, sie bedauern oder nicht – sie bleibt unbesehen davon, wie sie ist, und es bleibt nichts übrig, als das zu akzeptieren. Die meisten Menschen tun das auch, denn wenn die Liebe sie erreicht, ist das Glück so allumfassend, dass es sich lohnt, ihretwegen all die Risiken, die Mühe und die Not auf sich zu nehmen, die sie verursachen kann durch ihr Fehlen oder auch durch ihre Anwesenheit.

Wir haben also ganz grundsätzlich die Fähigkeit in uns, mit Unplanbarem und Ungreifbarem umzugehen. Bloß ist das sehr situationsabhängig: Im Geschäftsleben möchten

© Springer-Verlag Berlin Heidelberg 2016
T. Koromzay, *Management und die Liebe*, DOI 10.1007/978-3-662-49517-9_6

wir davon möglichst wenig, vor allem aus dem Wunsch heraus, die Dinge im Griff zu haben. Das wird schließlich von
Managern erwartet, und die Dinge nicht im Griff zu haben,
kann einen den Job kosten – dazu genügt es manchmal sogar, den *Eindruck* zu erwecken, die Dinge nicht im Griff
zu haben. Manager werden also um jeden Preis vermeiden,
diesen Eindruck zu erwecken, und diese Anstrengung ist
oft von großem innerem Unbehagen begleitet, bis hin zu
nackter heimlicher Angst.

Denn in Tat und Wahrheit haben die Manager die Dinge nicht im Griff – ganz einfach, weil es nicht möglich ist,
sie im Griff zu haben. Und genau das ist das Angst einflö-
ßendste Postulat der Systemtheorie: Systeme sind so komplex, dass sie grundsätzlich nicht gezielt beeinflusst werden
können. Jede Intervention in einem System wird dieses System verstören und eine große Menge an Reaktionen her-
vorrufen, die sich in komplexer Art und Weise gegenseitig
beeinflussen, so dass die Wirkungen einer Intervention erst
nach einiger Zeit sichtbar werden, und zwar allenfalls an Or-
ten im System, die man gar nicht im Blick hatte und schon
gar nicht beeinflussen wollte.

Als Manager wird man jedoch genau damit beauftragt:
ganz bestimmte, definierte Ziele zu erreichen, also ganz bestimmte, definierte Wirkungen in Systemen zu erzielen. Das
ist utopisch – man überträgt Ihnen damit eine Mission Im-
possible. Jeder Manager wird Ihnen bestätigen, dass er hau-
fenweise solche Aufträge erhält. Er wird jedoch den Teufel
tun und etwas von Unvorhersehbarkeit schwafeln, denn das
kommt nicht gut an. Dies wiederum führt dazu, dass Manager Modelle und Logiken entwickeln und kommunizieren,
die den Anschein erwecken, alles sei höchst berechenbar,

mit chirurgisch präzisen Interventionen gezielt beeinflussbar und jederzeit unter Kontrolle.

Es sind nicht so sehr sachliche Gründe, die dazu führen, alles als kontrollierbar und kontrolliert darzustellen, sondern höchst emotionale, und die Grundqualität der beteiligten Emotionen ist Angst:

* Nach außen gerichtete Angst, die sich auf die bedrohliche Möglichkeit richtet, als seiner Aufgabe nicht gewachsen wahrgenommen zu werden und in der Konsequenz unter Druck zu geraten, punkto Karriere nicht weiterzukommen, zurückgestuft zu werden oder gar den Job zu verlieren.

* Nach innen gerichtete Angst, die sich mit der bedrohlichen Möglichkeit beschäftigt, nicht genügend gefestigt zu sein, um das Fehlen von verlässlichen Ankerpunkten auszuhalten. Angst davor, allenfalls feststellen zu müssen, dass man jahrelang an Dingen festgehalten hat, die sich nun in Luft auflösen; oder auch Angst davor, sich im Nebel zu verlieren, in dem sich keine klaren Wahrheiten mehr abzeichnen und die Konturen verschwimmen.

Die Einsicht in das Nicht-Wissen und in die prinzipielle Unkontrollierbarkeit ist in der Tat nicht leicht auszuhalten, und hier liegt meiner Meinung nach eines der großen Probleme, die auftreten können, wenn man Führungskräften Systemtheorie, systemisches Führen und systemische Interventionen beibringen will: Sie können die ungeheuren Implikationen, die eine solche Sicht der Dinge auf ihr Weltbild hat, zwar erfassen, aber nicht integrieren, und wenn sie erahnen, was das bedeutet, sorgt die Angst dafür, dass diese Implikationen abgewehrt werden. Denn um systemisches Denken zu verinnerlichen, müssen Sie innerlich an einem Punkt stehen, an dem Sie nicht nur intellektuell, sondern auch emotional verstanden haben und akzeptieren können, dass es keine Wahrheit gibt, sondern unendlich viele, die alle vollkommen unumstößlich scheinen für jene, die sie konstruiert haben, und dass Sie Systeme letztlich nicht gezielt kontrollieren können. Dann nehmen Sie Abschied von der Idee „ich weiß".

Erst dann geht die Türe auf, um so zu führen, wie es die Systemtheorie nahe legt: dezentralisieren, Autonomie fördern, Selbstorganisation nutzen, parallele Experimente machen. All dies wird erst möglich, wenn die Führungskraft an der Systemspitze nicht nur intellektuell, sondern auch emotional in der Lage ist, vom Anspruch an totale Kontrolle abzurücken.

Wer aber nicht oder noch nicht über diese persönliche Stabilität verfügt, kann der Systemtheorie zwar intellektuell folgen, aber eine Auswirkung auf die tägliche Arbeit wird sie dann nicht haben, dafür sorgen gut funktionierende Abwehrmechanismen, die einen vor unaushaltbarem Stress schützen.

In gewisser Weise ist eine nüchterne Schulung und unmittelbare Konfrontation mit dieser Offenheit von Systemen, in der Erwartung, die Teilnehmer dieser Schulung mögen diese Offenheit integrieren und sich in Zukunft entsprechend verhalten, in ähnlicher Art und Weise überfordernd, wie es überfordernd ist, wenn jemand durch Drogen in einen veränderten Bewusstseinszustand katapultiert wird, in dem er unter Umständen mit Dimensionen in Kontakt kommt, für die er noch nicht bereit ist. Und so wird systemisches Denken nicht so sehr durch Schulungen im systemischen Denken gefördert, sondern durch die Förderung der Persönlichkeitsentwicklung, und die benötigt viel Zeit. In diesem Umstand steckt eine faszinierende Paradoxie: Der Zugang zu Systemen führt über die Entwicklung des Individuums.

Diesen Weg zu beschreiten lohnt sich, denn wenn in einem Unternehmen Menschen mit gut entwickelten, reifen Persönlichkeiten arbeiten, dann werden diese Menschen auf andere Art miteinander diskutieren: Sie werden an die Beurteilung von komplexen Situationen viel eher wie Forscher herangehen, die Experimente machen, um dann zu beobachten, wie sich die Dinge verhalten, und daraus ihre Hypothesen ableiten, die es dann weiter zu verifizieren gilt. Dabei können Prognosen und Berechnungen durchaus ihren Platz haben und behalten – ich bin weit davon entfernt, sie komplett abzulehnen –, sie dürfen nur nicht mit der hartnäckigen Behauptung verbunden werden, dass sie zwingend dazu führen, gezielt und mit Sicherheit das Richtige zu tun. Solche Behauptungen sind Gift für ergiebige Dialoge.

Der Umgang mit Unplanbarem, mit dem, was heute unter dem Kürzel VUKA (Volatilität, Unsicherheit, Komplexität und Ambiguität) Konjunktur hat, gehört zum Alltag von Führungskräften, je weiter oben in der Hierarchie, umso mehr. Diese Leute sind bei weitem intelligent genug und durchaus oft auch als Persönlichkeit genug gereift, um diese Unplanbarkeit zu akzeptieren. Wenn sie nicht so viel Energie darauf verwenden müssten, für ihr Umfeld – hierarchisch über und unter ihnen – alles statistisch plausibel und berechenbar darstellen zu müssen, könnten sie sich sinnvolleren Tätigkeiten widmen, die auch für das Unternehmen letztendlich nützlicher wären.

Bis dahin ist es noch ein langer Weg, denn die Implikationen der Unplanbarkeit sind so radikal, dass sich die daraus folgenden Konsequenzen wohl momentan noch nicht durchsetzen können. Ein Akzeptieren des weitgehenden Nicht-Wissens würde bedeuten, neu über die Definition von gutem, erfolgreichem und richtigem Verhalten von Führungskräften nachzudenken. Allein die Formulierung und sogar das Konzept von Jahreszielen müsste überdacht werden, denn die heute übliche Form, Ziele zu Beginn des Jahres zu definieren (bis das untere Management seine Jahresziele erhält, wird es jedoch aufgrund der hierarchischen Zielkaskade meist April) und dann am Ende des Jahres nichts anderes als den Erreichungsgrad dieser Ziele zu betrachten, lässt zu wenig Spielraum, um darauf zu reagieren, dass man allenfalls mitten im Jahr feststellt, dass sich die Dinge anders entwickelt haben und eine Zielkorrektur das Vernünftigste wäre.

Die Mechanismen der Leistungsbeurteilung, der Beurteilung eines Unternehmens durch Investoren und Aktionäre und letztlich immer noch ein großer Teil des Managementverständnisses bauen auf Kontrollierbarkeit auf. Dies über Bord zu werfen, scheint noch eine zu große Forderung zu sein, und die Alternativen dazu sind noch zu wenig entwickelt und erprobt. Wie wäre es, nicht die Resultate von Interventionen zu bewerten, sondern die Qualität dieser Interventionen? Wie wäre es, jemanden zu belohnen, nachdem seine Intervention tüchtig in die Hose gegangen ist? Ihn dafür zu belohnen, dass seine Intervention durchdacht, intelligent, kreativ, der Komplexität der Materie angemessen war?

Und ihn ermutigen, weiterzumachen? Die Resultate kann, Hand aufs Herz, doch eh keiner vorhersagen. Und wenn die Intervention nicht den erhofften Umsatz gebracht hat, gibt es halt auch keine monetären Prämien auszuzahlen, aber Geld erhöht die Arbeitszufriedenheit ja erwiesenermaßen sowieso nur sehr kurzfristig. Also gilt es auch, über Formen der Belohnung nachzudenken usw.

Allerdings ist es kaum angesagt, von einem Extrem ins andere zu verfallen; gefragt ist ein weises Gleichgewicht zwischen Offenheit, Selbstorganisation und der Arbeit mit Kontingenzen einerseits und dem professionellen Management derjenigen Aspekte von Unternehmenstätigkeiten, die durchaus recht gut kontrollierbar sind, andererseits.

Das oben Genannte gilt in besonderem Maße für höhere Führungsfunktionen und ganz besonders für die oberste Führungsebene und die Ebene der Vorstände und Verwaltungsräte, wo Entscheidungssituationen eine enorme Komplexität aufweisen und die Auswirkungen von Entscheidungen oft erst nach Jahren sichtbar werden. Selbstverständlich gibt es eine operative Ebene, auf der das Konzept der Kontrollierbarkeit durchaus nützlich und richtig ist. Im operativen Handwerk gibt es eine Menge Dinge, die man handwerklich gut tun muss, und das ist in keiner Weise geringschätzig gemeint. Projektmanagement, Organisation und Prozessdefinitionen gehören zum operativen Rückgrat eines Unternehmens; wenn diese Dinge nicht funktionieren, bricht das Tagesgeschäft zusammen, wird Geld verschwendet, werden die Mitarbeitenden frustriert. Solides Handwerk ist und bleibt die Basis.

Allerdings werden auch im Handwerk die Aufgaben tendenziell immer komplexer, und immer häufiger sind

Mitarbeitende frustriert, weil sie diese Komplexität durch die Führung zu wenig gewürdigt sehen. Die häufigste Lösung besteht darin, dass Mitarbeitende sich resignativ damit arrangieren, dass von ihnen erwartet wird, Dinge zu kontrollieren, die nicht zu kontrollieren sind, und so wird eine Menge Energie darauf verwendet, den Schein zu wahren.

Ich halte es als Vision trotz der großen Hindernisse für wünschbar und wünschenswert, dass sich im Management Raum für Gelassenheit und Akzeptanz gegenüber Unplanbarem, Unerzwingbarem und Unergründlichem entwickelt, so wie ein solcher Raum, wenn es um die Liebe geht, von den meisten Menschen bereitwillig zugestanden wird. Ich glaube, dass die Chancen einer solchen Haltung und die Möglichkeiten, die sie bietet, um beispielsweise neuartige Interventionen und Entscheidungskulturen zu entwickeln und das volle Potenzial von Mitarbeitenden zu nutzen, ihre Nachteile und ihre zu Beginn möglicherweise besorgniserregende oder sogar beängstigende Anmutung bei weitem wettmachen. Und einer der Schlüssel für die Entwicklung einer solchen Haltung ist die Liebe: Die Liebe kann Sie lehren, sich mit der Unplanbarkeit zu versöhnen.

Und dann gibt es da noch eine weitere Parallele zur Liebe: wenn Sie sie erreichen wollen, müssen Sie Ihr Herz in die Hand nehmen und sich trotz der Risiken und Bedenken auf den Weg machen. Billiger kriegen Sie es einfach nicht (Abb. 6.1).

Abb. 6.1 Verdichtete Wirkungszusammenhänge aus Kapitel 6

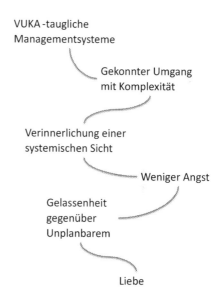

VUKA-taugliche Managementsysteme

Gekonnter Umgang mit Komplexität

Verinnerlichung einer systemischen Sicht

Weniger Angst

Gelassenheit gegenüber Unplanbarem

Liebe

Kleiner Fragebogen zum Schluss

1. Waren Sie in Ihrem Leben schon damit konfrontiert, dass Sie auf etwas, was für Ihr Leben sehr wichtig war, keinerlei Einfluss hatten?

2. Wenn nein: ängstigt Sie die Vorstellung, eine solche Erfahrung zu machen? In welchem Bereich könnte sie auf Sie warten?

3. Wenn ja: wie hat Sie diese Erfahrung geprägt? Haben Sie die Möglichkeit der Machtlosigkeit eher in Ihr Leben integriert, oder neigen Sie eher dazu, sie zu verleugnen?

4. Wenn Sie an Ihren Vorgesetzten denken: würde er es akzeptieren, wenn Sie im sagten, dass Sie gewisse Dinge über

Ihren Bereich oder Ihren Markt nicht wissen – weil man sie einfach nicht wissen *kann*?

5. Würden Sie als Vorgesetzter eine solche Aussage von einem Ihrer unterstellten Mitarbeitenden akzeptieren?

6. Glauben Sie überhaupt, dass es in Ihrem Geschäftsumfeld Dinge gibt, die man nicht wissen kann?

7. Wie viele der in Ihrem Unternehmen verwendeten Messgrößen, die Sie kennen, halten Sie für aussagekräftig und nützlich? Wie viele dienen dazu, den Schein der Kontrollierbarkeit zu wahren, vielleicht sogar, ohne je weiter verwendet zu werden?

8. „Wir tun das Richtige; wir wissen, was wir tun." „Wir tun, was nach menschlichem Ermessen die besten Erfolgsaussichten hat; sollten wir falsch liegen, werden wir darauf reagieren." Welche Aussage klingt für Sie souveräner?

9. Wie gut können Sie umgehen mit der Tatsache, dass Ihre Realität ein Konstrukt ist, das auch genauso gut auf viele andere Arten konstruiert werden könnte?

10. Wie viel äußere Sicherheit brauchen Sie, um Ihre innere Sicherheit aufrecht zu erhalten? Wie viel Ungewissheit vertragen Sie?

11. Würden Sie in Betracht ziehen oder haben Sie es in Ihrem Leben schon in Betracht gezogen, aufzuhören, nach der Liebe zu suchen, wegen ihrer Unvorhersehbarkeit?

12. Falls Sie die Liebe in Ihrem Leben gefunden haben: würden Sie angesichts dessen, was es Sie gekostet hat, sie zu finden, jemandem raten, aufzuhören, nach ihr zu suchen?

7

Liebe als Sinnbild für Wertschätzung und Mitgefühl

Es gibt Menschen, in deren Gesellschaft man sich augenblicklich wohlfühlt, denen man sich bedenkenlos und rasch öffnet, deren Präsenz nährend ist und in deren Anwesenheit man jederzeit das Gefühl hat, in Sicherheit und willkommen zu sein. Fast jeder kennt so jemanden. Menschen mit einer hohen Ausprägung dieser Qualitäten finden sich in den meisten Fällen im privaten Umfeld, seltener auch im Berufsleben.

Solche Menschen zeichnen sich durch etwas aus, das man am ehesten als liebevollen Umgang mit anderen Menschen bezeichnen kann. Ein Umgang, der geprägt ist von einer authentischen, gelebten und ausgedrückten Wertschätzung des Gegenübers und von einer hohen Empathie. Manchmal strahlen solche Menschen etwas Väterliches oder Mütterliches aus, oft transzendieren sie allerdings diese Ebene, und zur Ausstrahlung einer gelassenen Autorität gesellt sich eine Ausstrahlung von gütiger Weisheit.

In den höchsten Ausprägungen dieser Eigenschaften finden sich nur wenige Menschen, und wenn man das Glück hat, einem zu begegnen, wächst man unweigerlich an dieser Begegnung, und man erhält einen kurzen Blick darauf,

© Springer-Verlag Berlin Heidelberg 2016
T. Koromzay, *Management und die Liebe*, DOI 10.1007/978-3-662-49517-9_7

was in einer persönlichen Begegnung an grundlegender Menschlichkeit möglich ist.

Dieses Ideal zu erreichen, ist nicht jedem gegeben und auch nicht unbedingt notwendig, aber die ihm zu Grunde liegenden Qualitäten von liebevoller Wertschätzung und Empathie zu entwickeln, ist für jeden Menschen möglich und wichtig, nicht nur, um ein reiches und erfülltes Leben zu führen, sondern auch, um anspruchsvolle Aufgaben als Manager und Führungskraft auf hohen Niveau zu bewältigen. Und Empathie ist letztlich Mit-Gefühl.

Ich habe über tausend Gespräche mit Bewerbern und Bewerberinnen in der Privatwirtschaft geführt. Wenn ich diese Leute gefragt habe, was ihnen wichtig ist an einer neuen Arbeitsstelle, haben sie praktisch ausnahmslos an erster Stelle das Arbeitsklima genannt, meist mit der Formulierung „es muss im Team stimmen". In solchen Interviews sitzen sich Fremde gegenüber, was angemessenerweise dazu führt, dass Kandidaten und Kandidatinnen sich nicht unbedingt gleich zu intimen emotionalen Themen äußern (schließlich soll man im Geschäftsleben ja auch sachlich sein...), aber das Wort „Wertschätzung" fällt sehr oft, sowohl in Bezug darauf, was sich Kandidaten und Kandidatinnen von ihren Teamkollegen wünschen, wie auch in Bezug darauf, was sie von ihren Vorgesetzten erwarten.

Das gleiche Wort fällt ebenso oft, wenn sich später schwierige Situationen im Unternehmen entwickeln, z. B. Teamkrisen, Konflikte, Kündigungen mit schlechten Gefühlen, emotionale und körperliche Erschöpfung von Einzelpersonen. Wenn ich mit Menschen geredet habe, die mit solchen Situationen schlecht klargekommen sind, dann betrafen ihre Klagen neben strukturellen Problemen und sachlichen Themen praktisch immer das ungenügende Empfinden von Wertschätzung oder gar ihr gänzliches Fehlen, das Gefühl, nicht gehört und verstanden zu werden und ihre daraus entstandenen Gefühle von Hoffnungslosigkeit, Zynismus, Müdigkeit und Resignation.

Brauchen wir also mehr Wertschätzung, Empathie und Mitgefühl in Unternehmen? Ich sage „ja". Und selbst wenn Sie das für einen alten Hut halten, braucht es immer noch einigen Mut, dieses Thema auf den Tisch zu legen, denn man muss mit starken Reaktionen rechnen, wie z. B.:

* Abwertende Etikettierung: „Wir können doch hier keine Kuschelzone einrichten" (auch wenn das Wort „Kuschelzone" gar keiner verwendet hat…), „Wir sind doch keine soziale Einrichtung/keine Therapiestation" (selbst wenn auch diese Worte niemand verwendet hat…)
* Radikale Abspaltung: „Im Business geht es um die Sache!" als würde das Wertschätzung und Empathie ausschließen…
* Vorsorgliche Ausgrenzung: „Business ist eben hart, wer das nicht verträgt, gehört vielleicht auch nicht hierher." Als wären wertschätzende und empathische Menschen automatisch weniger leistungsfähig und weniger gut in der Lage, belastende Situationen zu ertragen…

Die Entschiedenheit, mit der solche „weichen Themen" von Managern in hohen Positionen oft weggewischt werden, vor allem in Anwesenheit von Managerkollegen, hat mich immer wieder erstaunt und beeindruckt. Es gehört meiner Meinung nach auf die Liste der kapitalen Fehler, die Manager machen können. Man kann sich durchaus fragen, welche Funktion eine so massive Abwehr erfüllt. Wofür ist sie wichtig?

Was steht auf dem Spiel? Ich behaupte, dass nicht weniger als die soziale Zugehörigkeit zur eigenen Berufsgruppe auf dem Spiel steht – zu einer Berufsgruppe, die sich nach wie vor vor allem durch stereotyp männliche Eigenschaften definiert: stark sein, nüchtern sein, rational sein, sich nicht von Gefühlsduselei ablenken lassen, souverän sein und so weiter. Wer sich hier offen zeigt für stereotyp weibliche Themen, riskiert, ausgestoßen zu werden. Ich nehme wahr, dass hier schon einiges im Begriff ist, sich zu ändern, und ich habe schon hervorragende Beispiele gesehen von Managern mit einem hohen Maß an authentischer Wertschätzung, Empathie und Mitgefühl, aber der Normalfall sind diese Beispiele noch immer nicht. Allzu oft wirken Manager in diesen Bereichen ungeübt und unwohl, etwa so, als würden sie einen Anzug anprobieren, der nicht so recht passen will und kratzt, und sich dabei fragen, was bloß ihre Kollegen sagen werden, wenn sie sie in diesem Anzug sehen.

Dabei sind die Vorteile dieser Eigenschaften und ihr Potenzial so riesig, dass es rätselhaft erscheint, wieso sie so wenig genutzt werden:

* Wer im Berufsumfeld Wertschätzung und Empathie empfindet, ist zufriedener und leistungsfähiger als jemand, dem dies nicht entgegengebracht wird – und zwar nicht nur ein wenig, sondern um Größenordnungen. Klingt banal. An der intellektuellen Einsicht und Zustimmung zu dieser Aussage liegt es sicher nicht – die Umsetzung scheint schwieriger. Aus der intellektuellen Einsicht absolvieren Führungskräfte pflichtbewusst Se-

minare zu diesem Thema, die nicht selten reißerisch angekündigt werden mit „Lernen Sie in einem Tag, empathisch zu kommunizieren/Ihre innere Stärke zu nutzen/Wertschätzung als Führungsinstrument zu nutzen etc.". Schön und gut, aber solche Seminare stellen meist eine touristische Erfahrung dar, die wenig Spuren im Alltag hinterlässt oder dazu führt, dass Vorgesetzte hölzernes Lob verteilen, das bei den Mitarbeitenden eher paradoxe Wirkung entfaltet. Seminare haben ihren Wert, wenn es um die Vermittlung von Wissen geht oder als initiale Sensibilisierung für ein Thema; um nachhaltige Effekte im Verhalten zu erzielen, sind jedoch parallel dazu begleitende Prozesse mit Alltagsbezug nötig, z. B. Coaching oder Supervision, einzeln oder im Team. Forschungsresultate zeigen, dass solche begleitenden Maßnahmen die nachhaltige Wirksamkeit von Fortbildungsveranstaltungen um Faktoren erhöhen. Außerdem machen sie die persönliche Entwicklung erst zu dem, was sie ist: eine Aufgabe, die Engagement über längere Zeit erfordert. Eine touristische Erfahrung ist per se noch keine Persönlichkeitsentwicklung.

• Eine reife Emotionalität führt zu einer reifen Sachlichkeit. Um Ihre eigenen emotionalen Fallstricke zu kennen und den Risiken ihres potenziell inadäquaten Einflusses auf Ihre Entscheidungen zu begegnen, müssen Sie geübt sein in der eigenen Emotionalität, ihre Geschichte kennen und Ihr emotionales Erleben reflektieren können. Wertschätzung und Empathie sich selber und anderen gegenüber ist die Grundlage dafür. Die Trennung „entweder Sachlichkeit oder Emotionalität" führt in eine Sackgasse. Emotionalität erschließt eine Unmenge an wertvoller Information und Inspiration. Es ist eine Schande, sie ungenutzt zu lassen.

* Die weit verbreitete Professionskultur von Managern mit der Dominanz von stereotyp männlichen Eigenschaften ist eine anstrengende, wenig nährende Kultur und damit eine direkte Ursache für die stetig steigende Rate an Burnoutfällen. Diese Kultur ist eingebettet in einen Zeitgeist, der mannigfaltige und oft unausgesprochene Forderungen nach Härte, Leistung, Einsatz usw. unterstützt und tradiert. Burnout ist in diesem Zusammenhang schon lange kein Spezifikum von Managern mehr, sondern tritt in allen Branchen, allen Funktionen und allen Hierarchiestufen auf. Wertschätzung und Empathie haben rein wirtschaftlich gesehen das Potenzial, enorme Mengen an Geld zu sparen – sowohl auf betriebswirtschaftlicher wie auf volkswirtschaftlicher Ebene.

Viele Manager scheinen zu glauben, dass Autorität und Entschlossenheit nur in Kombination mit Härte und Nüchternheit bis hin zur Kälte existieren können. Diese Annahme ist Unsinn. Wenn man ihr folgt, bleibt wenig Raum für Mitgefühl, und es besteht die Gefahr, dass Führungskräfte negative Auswirkungen von Entscheidungen innerlich als unvermeidliche Kollateralschäden etikettieren und rationalisieren, um sich ihren emotionalen Gehalt vom Leib zu halten. Im ungünstigsten Fall wird diese Etikettierung sogar öffentlich geäußert, was für das Image von Managern auch nicht gerade förderlich ist.

Dabei ist es absolut problemlos möglich, klare und fokussierte Entscheidungen zu treffen, harte Botschaften zu überbringen und klare Erwartungen und Forderungen auszusprechen – und dabei gleichzeitig emotionale Wärme und Mitgefühl auszudrücken. Dazu empfehle ich Ihnen, in Ed Nevis' Buch über Organisationsentwicklung das bereits erwähnte Kapitel „Lernen, mit dem Bedauern umzugehen" zu lesen. Nevis (1998) plädiert dafür, den Preis, den jede Entscheidung hat, ebenso voll zu würdigen wie ihre Vorteile und das dazugehörige Bedauern zu diesem Preis ebenso voll zu empfinden und auszudrücken wie die Zufriedenheit oder Freude über ihre Vorteilen und die Überzeugung, unter dem Strich die bestmögliche Entscheidung getroffen zu haben. Als weitere Quelle empfehle ich Ihnen, sich die Arbeit von Brené Brown (2013) anzuschauen, die viel Wertvolles geschrieben und gesagt hat über einen bisher nicht genannten Aspekt von Wertschätzung und Mitgefühl, der leider auch mit sehr viel Angst besetzt ist: die Verletzlichkeit. Sich einem anderen Menschen emotional zu öffnen oder sich in einer schwierigen Situation zu engagieren und mit Entscheidungen zu exponieren, basiert auf dem Mut, sich der Verletzlichkeit auszusetzen. Browns Buch „Daring Greatly" ist ein Plädoyer für die Verletzlichkeit – auch das ein Begriff, der in der Leadership-Diskussion schmerzlich fehlt.

Um Wertschätzung und Mitgefühl entwickeln zu können, geht es letztlich um nichts Geringeres als darum, sein Herz für die Liebe zu öffnen. Die Angst, sich damit zu sehr zu öffnen, Angst vor der Verletzlichkeit, Angst, überwältigt zu werden, letztlich die Kontrolle zu verlieren, schwach oder weich zu erscheinen: All diese Reaktionen sind verbreitet und verständlich – und in den meisten Fällen sind sie unbegründet. Wertschätzung und Mitgefühl zu zeigen ist im Gegenteil ein Ausdruck wahrer Stärke und wird von Ihren Mitmenschen und Mitarbeitenden auch so wahrgenommen und gewürdigt werden. Mit einem offenen Herzen ist es viel leichter und viel authentischer möglich, auch härteste Entscheidungen zu treffen – mit einem begleitenden Mitgefühl und der gleichzeitigen inneren Gewissheit, nach bestem Wissen und Gewissen die bestmögliche Entscheidung getroffen zu haben.

Deshalb empfehle ich Ihnen, Ihr Herz für die Liebe zu öffnen. Es lohnt sich unendlich – für Ihr Unternehmen, für Ihre Mitarbeitenden, Ihre Freunde, Ihre Familie und für Sie selbst (Abb. 7.1).

Abb. 7.1 Verdichtete Wirkungszusammenhänge aus Kapitel 7

Kleiner Fragebogen zum Schluss

1. Mögen Sie Menschen grundsätzlich?

2. Knüpfen Sie Ihre Wertschätzung für andere Menschen an Bedingungen? Welche?

3. Wenn ja: was müsste sich in Ihnen verändern, um eine oder auch alle dieser Bedingungen fallen zu lassen? Was wären die Konsequenzen? Für Sie, für andere?

4. Sind sie schon einmal einem Menschen begegnet, in dessen Gegenwart Sie das Gefühl hatten, ohne irgendeine Vorleistung Ihrerseits mit gütiger Liebe überschüttet zu werden? Einfach nur, weil Sie da sind?

5. Wenn ja: glauben Sie, dass diese Person zwingend ein lausiger Manager wäre?

6. Wenn nein: welche Gefühle weckt diese Vorstellung in Ihnen? Eine innere Sehnsucht? Angst? Den Wunsch, sich zurückzuziehen? Traurigkeit? Den Wunsch, Ihr eigenes Herz zu öffnen? Oder etwas anderes?

7. Wie weit ist es in Ihrem Managementteam möglich, Worte wie „Mitgefühl", „Bedauern", „Wertschätzung", „liebevoll" zu benutzen?

8. Möchten Sie das überhaupt? Glauben Sie, es wäre ein Gewinn in Bezug auf die Qualität der Führungsarbeit, die dieses Team zu leisten hat? Wenn ja, in welcher Weise wäre es das?

9. Gibt es Themen in Bezug auf Wertschätzung und Empathie, die Sie nicht benennen, um die ungeschriebenen Regeln nicht zu verletzen oder um Ihre Zugehörigkeit zur Gruppe der „tüchtigen Manager" nicht aufs Spiel zu setzen?

10. Wenn ja, wie gehen Sie mit dem Unausgesprochenen um?

11. Wie gut halten Sie das Gefühl des Bedauerns aus, wenn Sie Entscheidungen treffen? Lassen Sie es überhaupt zu?

12. Wenn ja, auf welche Art und wie lange beschäftigt es Sie? Akzeptieren Sie, dass Bedauern dazugehört, und können Sie es wieder ziehen lassen, oder wühlt es Sie auf und beschäftigt Sie vielleicht sogar bis in Ihre Nächte?

13. Haben Sie eine Vorstellung davon, wie Sie Ihr Herz für die Liebe öffnen oder es offen lassen können, ohne an Dynamik und Entschlossenheit als Führungskraft zu verlieren?

14. Ist diese Vorstellung für Sie attraktiv? Wenn nein, was stört Sie daran? Wenn ja, wie können Sie dieser Vorstellung näher kommen?

8
Liebe als eine Qualität der Weisheit

Ich zitiere hier nochmals Francisco Varela. Ich habe dieses Zitat bereits in meinem Vorwort benutzt; die Wiederholung sei mir verziehen – nicht alle Leser lesen Vorwörter. Francisco Varela war „ein chilenischer Biologe, Philosoph und Neurowissenschaftler, der zusammen mit Humberto Maturana vor allem für die Einführung des Konzepts der Autopoiese bekannt wurde" (Wikipedia-Eintrag zu Francisco Varela), der rekursiven Selbsterhaltung von Systemen.

In einem Interview sagt Varela Folgendes:

„Wissenschaft ist *eine* Form von Wissen; Kunst ist eine andere Form von Wissen; Magie ist eine andere Form von Wissen etcetera etcetera. Es gibt auf der anderen Seite nur eine Weisheit – und die basiert auf Liebe" (Francisco J. Varela, im Film „Monte Grande" von Franz Reichle, 2004).

Ich teile diese Ansicht, und zwar in der präzisen Formulierung von Varela: Die Liebe alleine stellt meines Erachtens keine hinreichende Voraussetzung dafür dar, zu Weisheit zu gelangen – aber eine notwendige. Ohne Liebe keine Weisheit. Nicht alle Liebenden sind weise, aber alle Weisen sind Liebende. Es kann logischerweise keine Gegenbeispiele geben: Wenn wir z. B. weise Entscheidungen so verste-

© Springer-Verlag Berlin Heidelberg 2016
T. Koromzay, *Management und die Liebe*, DOI 10.1007/978-3-662-49517-9_8

hen, dass sie ausgewogen sind, dass sie viele verschiedene, teilweise sich widersprechende Aspekte angemessen berücksichtigen, dass sie für viele Menschen auf lange Sicht positive Auswirkungen haben, dann ist es nur möglich, solche Entscheidungen zu fällen, wenn man in der Lage ist, sich ein- und mitfühlend gegenüber vielen verschiedenen Menschen zu zeigen, mitfühlend gegenüber unserer ökologischen und ökonomischen Umwelt, mitfühlend gegenüber der aktuellen und gegenüber der kommenden Generation. Wer kann dazu in der Lage sein ohne die Qualität der Liebe?

Weise Entscheidungen werden von Führungskräften auf allen Stufen immer mehr verlangt werden, und dies aus verschiedenen Gründen:

* Das Umfeld von Unternehmen wird immer komplexer, die Zusammenhänge immer weniger durchschaubar, die mittel- und langfristigen Auswirkungen von Entscheidungen immer weniger vorhersehbar. Unternehmen müssen jedoch auf Dauer überleben, auch wenn der Fokus kurzfristig auf dem nächsten Quartalsabschluss liegt. Und um dieses Überleben auf Dauer zu erreichen, stehen Führungskräfte vor der Herausforderung, inmitten ihres komplexen Umfeldes Entscheidungen zu treffen, die über das nächste Quartal weit hinausgehen, und dabei die Balance zu halten zwischen den vielen verschiedenen Ansprüchen, die an diese Entscheidung gestellt werden.
* Die Anspruchsgruppen von Unternehmen werden immer einflussreicher. Zwar dominieren die Investoren diese Anspruchsgruppen nach wie vor klar, aber die Gewichte könnten sich verschieben. Ich persönlich glaube, dass sie sich sogar mit einiger Wahrscheinlichkeit ver-

schieben werden und dass diese Verschiebungen bereits in Gang sind. Bisher relativ machtlose Anspruchsgruppen haben durch die neuen Kommunikationswege und -mechanismen, die sich durch die sozialen Medien aufgetan haben, unvergleichlich mehr Macht erhalten als sie früher hatten. Große Unternehmen riskieren, dass Missstände innerhalb von wenigen Stunden weltweit wahrgenommen werden. Angesichts dieser neuen Öffentlichkeit, die die Verschlossenheit großer Konzerne nach außen bis zur Einsturzgefahr unterspült hat, wächst der Druck, bei Entscheidungen Weisheit walten zu lassen. Deren ultimative Manifestation im Wirtschaftssystem ist der Wille, auf einen gewissen Teil des möglichen Profites zu verzichten zu Gunsten einer ausgewogenen und weisen Entscheidung.

- Die Regulierungsdichte seitens der Politik nimmt zu, nachdem die großen Krisen der letzten Jahre gezeigt haben, dass der freie Markt alleine nicht für eine bessere Welt sorgt. Dass dem so ist, ist offensichtlich, wenn man beispielsweise die Systemtheorie Niklas Luhmanns als Modell nimmt. Gemäß dieser Theorie definiert sich jedes System durch eine sogenannte Leitdifferenz, und die Leitdifferenz des Wirtschaftssystems lautet „zahlen/nicht zahlen", bezieht sich also alleine auf Geld. Das ist insofern fatal, als es die Möglichkeit offen lässt, sich tatsächlich auf diese Dimension zu konzentrieren. Solange dies möglich ist ohne negative Konsequenzen, die sich nicht nur im Image niederschlagen, sondern auch in niedrigerer Performance, werden Unternehmen, die Gewinnmaximierung betreiben, gegenüber verantwortlichen Unternehmen einen wirtschaftlichen Vorteil haben, was auf letztere einen Marktdruck ausübt, sich ebenfalls auf die Gewinnmaximierung zu verlegen. Aus diesem Grund ist eine höhere Regulierungsdichte durchaus zu wünschen – nicht so sehr, was den eigentlichen Markt angeht, sehr wohl aber, was beispielsweise die Auflagen an Unternehmen punkto Nachhaltigkeit betrifft. Um diesen Randbedingungen gerecht zu werden, werden zunehmend weise Entscheidungen gefragt sein.

- Mitarbeitende von Unternehmen werden anspruchsvoller, was das soziale und ethische Gebaren ihres Arbeitgebers betrifft. Generation Y ist in aller Munde: Menschen, denen der Sinngehalt ihrer Arbeit wichtig ist und die darauf achten, wie sich ihr Arbeitgeber ethisch, sozial und politisch verhält. Diese Dimensionen werden zu einem entscheidenden Faktor auf dem Arbeitsmarkt, und Unternehmen, die die besten Talente für sich gewinnen möchten, werden allein deshalb gezwungen sein, eine Qualität der Weisheit aufzubauen, weil ihre potenziellen Mitarbeitenden sie auf dieser Ebene ganz besonders prüfen und gewillt sind, auf eine Anstellung zu verzichten oder sie selber zu beenden, wenn sie nicht mehr zufrieden sind.

Die Investoren sind heute wohl das größte Hindernis bei dem Unterfangen, Weisheit in Managementsystemen zu verankern, denn sie sind in einer besonders pointierten Art darauf aus, ihr Geld zu vermehren – möglichst rasch und möglichst stark. Beim heutigen Stand der Dinge muss man da vorerst wohl pessimistisch sein. In diese Richtung gehen zumindest alle Signale, die ich durch direkte oder indirekte Kontakte erhalte, ohne mir anzumaßen, hier einen erschöpfenden Überblick über diese Landschaft zu haben. Allerdings glaube ich, dass es nur eine Frage der Zeit sein dürfte, bis die neuen Mächtigen im Zeitalter der sozialen Medien, nämlich das öffentliche Publikum, ihre Macht nicht nur gegenüber Unternehmen gebrauchen werden, sondern auch gegenüber Investoren. Und schließlich wird eine Zeit kommen, in der auch alle Investoren der Generation Y oder späteren Generationen angehören werden, und es wird hoch spannend werden, zu beobachten, wie diese strukturellen Veränderungen in der Gesellschaft mit den strukturellen Gegebenheiten im Investmentfeld interagieren werden und welche Tendenzen sich durchsetzen werden. Ich glaube, die Weisheit hatte noch nie so gute Karten wie heute.

Aber wie soll sie im Kontext von Unternehmertum im heutigen wirtschaftlichen Umfeld definiert werden? Wie und wo zeigt sich Weisheit im Management? Woran erkennt man sie? Ich schlage im Folgenden dazu einige mögliche Kriterien vor. Dabei folge ich im Wesentlichen der Darstellung von Kilburg (2006).

Wo kann sich Weisheit im Management zeigen? Kilburg führt im Wesentlichen drei Aspekten von Führungsarbeit an:

* Die Qualität der Wahrnehmung und Beurteilung von Situationen, von deren Kontext und der Elemente und Aspekte, mit denen sie unmittelbar, mittel- und langfristig verknüpft sind,
* die Qualität von Entscheidungsprozessen und der tatsächlich gefällten Entscheidungen,

* die Qualität von Handlungen, sowohl inhaltlich wie auch in der Art und Weise, wie sie ausgeführt werden.

Und wie sehen diese Qualitäten aus? Kilburg gibt einen guten Überblick über verschiedene Konzepte von Weisheit und deren Kriterien. Meine eigene, wohl kaum abschließende Auswahl von Kriterien für Weisheit und von Qualitäten, die weise Beurteilungen, Entscheidungen und Handlungen aufweisen, ist die folgende:

* Ausgewogenheit: Die weise Beurteilung einer Situation wird nie einseitig sein; sie wird viele verschiedene Facetten dieser Situation berücksichtigen. Eine Führungsperson, die Situationen weise beurteilt, hat ein Bewusstsein dafür, dass sie blinde Flecken hat und wird andere Menschen für die Beurteilung hinzuziehen, um diese blinden Flecken auszugleichen. Sie wird auch Menschen zuhören, die ihr unsympathisch sind oder über die sie sich ärgert. Und sie wird sich die Zeit nehmen, die eine solche Ausgewogenheit erfordert. Die Qualität der Ausgewogenheit wird sich fortsetzen in der Substanz ihrer Entscheidungen und in der Art und Weise, wie sie ihre Entscheidungen in die Tat umsetzt.
* Breites und tiefes inhaltliches Verständnis: Weit reichende Entscheidungen dürfen nicht übereilt und auf der Basis von zu wenig oder schlechten Informationen getroffen werden. Weise Entscheider werden immer dafür sorgen, dass inhaltliche Experten ihre Einschätzungen abgeben können, bevor eine Entscheidung getroffen wird. Es besteht allzu oft die Tendenz, Entscheidungen zu schnell zu treffen. Das mag manchmal aufgrund von hoher und

volatiler Dynamik im Umfeld nicht zu vermeiden sein. Auch in diesen Situationen muss aber die größtmögliche Sorgfalt an den Tag gelegt werden, um möglichst viele hochwertige Informationen zu sammeln, die für eine Entscheidung relevant sind.

* Weitsicht: Viele Entscheidungen, insbesondere auf hohen Hierarchiestufen, wirken sich über lange Zeiträume aus. Diese Zeitdimension muss berücksichtigt werden, um weise Entscheidungen treffen zu können – und zwar auch unter dem kurzfristigen Druck auf Quartalszahlen.

* Moralische Integrität: Weise Entscheidungen werden wohl den Profit beachten, ihn aber niemals an die erste Stelle setzen, aus Gründen, die ich in Kapitel 4 dargelegt habe. Eine weise Entscheidung wird immer den Sinn berücksichtigen, den die Existenz des eigenen Unternehmens hat und schafft. Und sie wird die erweiterte Rolle, die das Unternehmen in der Gesellschaft spielt, mit einbeziehen. Moralisch integre Entscheider werden standhaft genug sein, auch Entscheidungen zu treffen, deren langfristige Qualität allenfalls eine Beeinträchtigung der kurzfristigen Quartalszahlen bedeuten könnte.

* Güte: „Don't be evil" gilt nicht nur für Google. Jede weise Entscheidung muss auch Überlegungen beinhalten, auf welche Weise sie im weitesten Sinne Gutes bewirkt. Das kann durchaus auch Wachstum und Profit sein, solange dieses nicht große soziale, moralische oder ökologische Schäden verursacht oder in Kauf nimmt.

* Mitgefühl und Bedauern: Es gibt keine Entscheidung auf einer hohen Managementstufe, die nicht ihren Preis und ihre Nachteile hätte. Oft ist dieser Preis nicht nur auf strategischer oder betriebswirtschaftlicher Ebene zu zahlen,

sondern auch in Form von Nachteilen für Teile der Belegschaft, allenfalls sogar in Form von sozialem Leid, erhöh-
ter Beeinträchtigung durch steigenden Druck, negativen
Auswirkungen auf die Umwelt usw. Jeder Manager muss
mit dieser Tatsache umgehen können. Eine naheliegen-
de und zunächst verlockende Möglichkeit besteht darin,
diesen Preis auszublenden. Das wird aber dazu führen,
dass man sich innerlich verbarrikadieren und die eigene
Entscheidung als die einzige und ausschließlich richtige verteidigen wird, dass man aggressiv gegenüber Kri-
tikern reagieren wird und dass man sich so letztlich von
seinem Umfeld und von seinen Mitarbeitenden innerlich distanziert. Die bei weitem bessere Version ist, sich
den Preis jeder Entscheidung bewusst zu machen und
bei jeder Entscheidung auch dem Bedauern für diesen zu
zahlenden Preis Raum zu lassen. Führungskräfte, die auf
dieser Basis Mitgefühl empfinden und sogar ausdrücken
können, werden eine hohe persönliche Glaubwürdigkeit
erreichen und damit auch viel eher auf die Bereitschaft
ihrer Belegschaft zählen können, im Gesamtinteresse des
Unternehmens gewisse persönliche Nachteile in Kauf zu
nehmen, solange sie im Sinne der oben erwähnten Ausgewogenheit nicht tendenziell immer die Gleichen treffen.

* Demut: Angesichts der Komplexität der Entscheidungen, die oft getroffen werden müssen, und angesichts
ihrer kaum im Detail vorhersehbaren langfristigen Konsequenzen ist jede Entscheidung nicht mehr als ein
Versuch, das Beste zu tun. Dies mit einer redlichen
Haltung zu unternehmen ist alles, was ein guter Manager tun kann. Und das sollte er nicht aus dem Blick
verlieren. Eine angemessene Demut ist eine Versiche-

rung gegen die Gefahr, sich für allwissend, allmächtig oder unverwundbar zu halten – nachweislich die illusionären Überzeugungen, die zu den größten Desastern der Wirtschaftsgeschichte geführt haben. Übernehmen Sie Verantwortung, getrauen Sie sich zu entscheiden – und bleiben Sie dabei auf dem Boden.

Weisheit in der Qualität, wie ich sie oben beschrieben habe, ist kein Zustand, der erreichbar ist, so wie man am Ziel einer Reise ankommt. Vielmehr ist sie eine Haltung, eine Art und Weise, nach Entwicklung und nach guten Entscheidungen zu streben, ohne sich selber für die eigenen

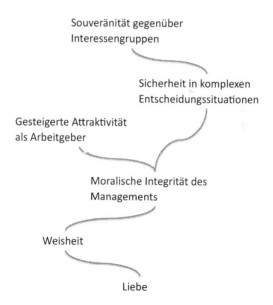

Abb. 8.1   Verdichtete Wirkungszusammenhänge aus Kapitel 8

Grenzen und Unzulänglichkeiten zu verurteilen oder ihretwegen zu verzweifeln. So gesehen erfordert die Entwicklung
von Weisheit viel Zeit und eine Menge Mut: Mut, sich den
eigenen Grenzen zu stellen, und Mut, trotz dieser Grenzen
die Verantwortung, die einem anvertraut wurde, wahrzunehmen und bestmöglich zu handeln. Die Liebe ist dabei
ein guter Begleiter (Abb. 8.1).

Kleiner Fragebogen zum Schluss

1. Kennen Sie einen Menschen, den Sie als weise bezeichnen
   würden? An welche Eigenschaften, Aussagen oder Handlungen dieser Person denken Sie dabei?

2. Kennen Sie einen solchen Menschen in einer Führungsposition? Wie wirkt sich die Weisheit dieser Person in
   Ihren Augen auf ihre Führungstätigkeit aus?

3. Wie sieht Ihre eigene Kriterienliste aus, anhand der Sie
   Weisheit in der Führung erkennen können?

4. Welche Bedingungen sehen Sie dafür, dass sich Weisheit
   in Ihrer eigenen Organisation auf den verschiedenen Füh-
   rungsebenen etablieren kann? Welche Hindernisse stehen
   dem im Weg?

5. Sehen Sie einen Ansatz, wie diese Hindernisse überwun-
   den werden können? Oder einen möglichen ersten kleinen Schritt dazu?

6. Halten Sie Weisheit für erstrebenswert? Oder lässt es sich
   aus Ihrer Sicht auch ganz gut ohne sie leben? Können Sie
   sie ersatzlos aus Ihrer Gleichung streichen, oder was könnte allenfalls an ihre Stelle treten?

7. Würden Sie in ein Unternehmen investieren, dass sich weises Verhalten auf die Fahne schreibt, zu Lasten der Profitmaximierung, vorausgesetzt, dieses Unternehmen wäre durchaus profitabel?

8. Sind Sie als Entscheider bereit, auf einen gewissen Teil des möglichen Profites zu verzichten, zu Gunsten von sozialen, ökonomischen und ethischen Argumenten der Nachhaltigkeit?

9. In welchen Bereichen Ihres Lebens haben Sie bisher am meisten Weisheit entwickelt? Woran machen Sie das fest?

10. Wie gut können Sie Ihre Grenzen diesbezüglich akzeptieren, ohne sich selbst dafür zu verurteilen oder abzuwerten?

11. Kennen Sie jemand oder etwas, was Sie in dieser Beziehung weiterbringen könnte, falls Sie das wollen? Und falls Sie das wollen: haben und nehmen Sie sich die Zeit dafür?

12. Falls Sie das nicht wollen: haben und nehmen Sie sich generell die Zeit für die Dinge, die Sie für wichtig halten? Und welche Dinge sind das?

9

Liebe als eine Qualität der Verbundenheit

Wenn Sie von Liebe erfüllt sind, im Rausch der frischen Verliebtheit, oder weil die Liebe zu einem Menschen, mit dem Sie schon lange zusammenleben, Ihnen wieder einmal in ihrer ganzen Wucht die Brust füllt und Ihnen Ihr Glück ins Bewusstsein ruft – in solchen Momenten stellt sich oft ein Gefühl der tiefen Verbundenheit mit buchstäblich allem ein: Sie könnten die Welt umarmen. Sie blicken mit Güte auf alle und alles, können niemandem böse sein und sehen überall nur Licht und Farbe. Sie sind eins mit allem, was Sie umgibt.

Sie können das als biochemische Dröhnung bezeichnen oder auch als kurzen Blick auf das absolute Glück durch ein Fenster, das sich nur selten und nur für einen begrenzten, oft kurzen Zeitraum öffnet, als einen Moment der Erleuchtung, ein Satori, wie es die Japaner nennen. Auf jeden Fall hat das Empfinden dieser Art von Verbundenheit immer etwas zutiefst Stimmiges, Bestärkendes und Gesundes.

Verbundenheit ist eine Schlüsselqualität, die einem auf Schritt und Tritt begegnet, wenn man sich mit persönlicher Entwicklung und Gesundheit befasst. Psychische Gesundheit kann auf einer übergeordneten Ebene in verschiedenen Dimensionen von Verbundenheit beschrieben werden:

© Springer-Verlag Berlin Heidelberg 2016
T. Koromzay, *Management und die Liebe*, DOI 10.1007/978-3-662-49517-9_9

* Verbundenheit mit sich selbst: mit dem eigenen Körper, mit den eigenen Empfindungen und Bedürfnissen, mit den eigenen Ressourcen
* Verbundenheit mit einem Gegenüber: Beziehungsfähigkeit, Fähigkeit zu Intimität und Nähe in einer Zweierbeziehung, Fähigkeit zu Empathie im Kontakt mit einem anderen Menschen
* Verbundenheit mit Gruppen von Menschen: Pflege eines sozialen Netzes, Pflege von Freundschaften, Zugehörigkeit zu einer Gemeinschaft wie z. B. einer Familie, einem Verein, einer Interessensgruppe usw.
* Verbundenheit mit der Gesellschaft: ein Gefühl haben für das Eingebettet-Sein in einer Kultur
* Verbundenheit mit der Welt: ein Grundgefühl von Heimat, von Zugehörigkeit zur Welt und eines Aufgehoben-Seins in der Welt
* Verbundenheit mit etwas Größerem (meine allgemeinste Definition von Spiritualität): Verbundenheit mit Werten, mit einem Glauben, mit der Natur, mit der tiefsten, über das Individuum hinaus gehenden Menschlichkeit usw.

In der Literatur zu Persönlichkeitsentwicklung ist diese Qualität explizit zu finden, wie z. B. im Titel einer Arbeit von Susanne Cook-Greuter (2013): „Nine levels of *increasing embrace* in ego development" (Hervorhebung durch den Autor). Fortschreitende Persönlichkeitsentwicklung scheint dabei einherzugehen mit einem zunehmenden Gefühl der Verbundenheit.

Die Empfindung von Verbundenheit ist eng verknüpft mit dem Gefühl eines grundlegenden Gesund-Seins, mit

Vitalität und Selbstwert. Es scheint mir offensichtlich, dass es sich für Unternehmen und Organisationen lohnt, Rahmenbedingungen zu schaffen, die die Entwicklung eines Gefühls der Verbundenheit ihrer Mitarbeitenden fördert, und zwar auf verschiedenen Ebenen, die für ein Unternehmen relevant sind:

* Individuelle Verbundenheit mit sich selbst als Basis für die Fähigkeit, für sich selbst zu sorgen und so eine hohe Leistungsfähigkeit auf Dauer aufrecht zu erhalten
* Verbundenheit untereinander, in der täglichen Kommunikation, auf Teamebene und bereichsübergreifend, als Basis für eine fruchtbare, produktive Zusammenarbeit
* Verbundenheit mit den Führungskräften eines Unternehmens aufgrund der Art und Weise, wie diese Führungspersonen mit ihren Mitarbeitenden umgehen, wie sie ihnen zuhören, sie fördern, ihr Potenzial zur Geltung kommen lassen und sich als integre, verlässliche Ansprechpartner etablieren
* Verbundenheit mit dem Unternehmen auf einer höheren Stufe, aufgrund der Art und Weise, wie sich das Unternehmen im Markt, in der Gesellschaft und in Beziehung mit dem nachhaltigen Umgang mit Ressourcen positioniert und vor allem durch Taten zeigt
* Verbundenheit der Führungskräfte mit ihren Kollegen und Kolleginnen, mit ihren Mitarbeitenden, mit dem Sinn der Unternehmenstätigkeit, mit ihrer Verantwortung gegenüber größeren Anspruchsgruppen, der Gesellschaft und der Umwelt

Achtsamkeit ist eine Möglichkeit, eine akzeptierende, wertfreie, letztlich liebevolle Verbundenheit zu üben. Dass Achtsamkeit und Konzepte wie „mindful leadership" aktuell eine wachsende Aufmerksamkeit im Businesskontext erhalten, ist ein Indiz dafür, dass das Potenzial dieser Qualität allmählich im Management erkannt wird, auch wenn es noch schwierig scheint, Achtsamkeit in Organisationen breit zu etablieren. Ich bin überzeugt, dass ein solcher Ansatz von Unternehmensführung Zukunft hat – langfristig ist das vielleicht sogar der einzige Ansatz, der Zukunft hat, wenn man längere Zeiträume ins Auge fasst. Verbundenheit wird sich positiv auswirken auf die Identifikation der Mitarbeitenden mit ihrem Unternehmen, auf ihre Loyalität, ihre Motivation, ihre Leistungsfähigkeit, auf ihre Innovationskraft – wer möchte auf diese Vorteile freiwillig verzichten?

Neben dem Bereich der persönlichen Entwicklung und der psychischen Gesundheit taucht die Idee von Verbundenheit auch in einem anderen Kontext zentral auf, nämlich als Kerndimension einer Disziplin, deren Bedeutung für die Unternehmensführung und für nachhaltiges Agieren in komplexen Umfeldern unbestritten ist: der Systemtheorie. Diese handelt ja explizit davon, wie „alles mit allem verbunden" ist. Das systemtheoretische Postulat, dass es unmöglich ist, die Folgen einer Intervention in einem komplexen System exakt vorherzusehen, leitet sich aus dieser komplexen Verflechtung aller Systemelemente mit ihren unzähligen Wechselwirkungen und Rückkoppelungen ab.

Wenn man das konsequent zu Ende denkt, bedeutet es nichts weniger als die Demontage eines Großteils der Grundannahmen, auf denen das traditionelle Führungs- und Managementverständnis beruht, nämlich der Annahme, die Dinge seien letztlich beherrschbar und berechenbar, es gebe „die" richtigen Entscheidungen, und Resultate seien exakt messbar. In den Lehrbüchern wird eine systemische Sichtweise schon lange gelehrt, und „systemisch" gehört durchaus in den Wortschatz eines Managers, der heute etwas auf sich hält. Die Praxis jedoch hinkt Jahre hinterher.

Die Erkenntnisse der Systemtheorie sind nicht leicht auszuhalten, denn sie muten uns zu, mit einer Dimension des Nicht-Wissens und der Unvorhersehbarkeit zu leben, die wir nur schwer ertragen können, vor allem nicht nach einem Jahrhundert, das im Zeichen des Triumphs der Naturwissenschaften stand. Wir halten mit aller Macht an der Illusion der exakten Determiniertheit fest, in praktisch allen Gebieten des Lebens – angefangen bei der Hirnforschung, auf der die Last der Erwartung liegt, sie möge letztlich doch alles physikalisch begreifbar machen, und die doch bisher ernüchternd wenig an substanziellen Erkenntnissen vorzuweisen hat, über die Anstrengungen, das Leben möglichst schon vor der Geburt zu vermessen und allenfalls auch gleich gentechnisch zu optimieren, die Forderungen nach gezielten Maßnahmen, die jeden Unfall und jedes Verbrechen in Zukunft zuverlässig verhindern sollen, bis hin zum Management, wo wir auf Kennzahlen pochen und wo immer noch oft die Vorstellung vorherrscht, eine Führungskraft könne ganze Bereiche gezielt und kausal beeinflussen, oder auch in der Finanzindustrie, wo sich Experten nach wie vor laufend getrauen, Vorhersagen zu machen.

Angesichts dieser Anstrengungen hat es die Systemtheorie schwer, sich in der Praxis zu etablieren. Es ist aber dringend nötig, und sie würde der Qualität der Verbundenheit zu einer angemessenen Präsenz im Bereich der Unternehmensführung verhelfen. Meine These lautet, dass Sie die Konsequenzen der Verbundenheit in Systemen umso leichter aushalten können, je größer Ihre Verbundenheit mit sich selbst ist, denn diese gibt Ihnen die nötige innere Stabilität.

Bemerkenswerterweise gibt es offenbar noch einen weiteren Zusammenhang zwischen der Verbundenheit, die von der Systemtheorie postuliert wird, und der emotionalen Verbundenheit als psychologischer Qualität. Peter Senge berichtet in seinem Buch „Die fünfte Disziplin" von seiner praktischen Erfahrung bei seiner Lehrtätigkeit zur systemtheoretischen Sicht:

> „Ich habe die Erfahrung gemacht, dass Menschen ganz von allein mehr Mitgefühl und Einfühlungsvermögen entwickeln, wenn sie mehr von den Systemen erkennen, in denen sie operieren, und wenn sie die wechselseitigen Zwänge besser begreifen" (Senge, 2008).

Ich halte die Qualität der Verbundenheit für eine der Kerndimensionen, die es zu entwickeln gilt: auf individueller Ebene, auf Teamebene, auf der Ebene von Organisationen und als Utopie (?) auch auf der größeren Ebene von Gesellschaften. Selbst wenn wir uns auf die Dimension innerhalb einer Organisation beschränken, eröffnen sich Möglichkeiten, deren Nutzen sich sowohl auf der Ebene der psychischen Gesundheit, der sozialen Dimension der Zusammenarbeit und des nachhaltigen Agierens wie auch auf der Ebene von Effizienz, Profitabilität und nachhaltigem Wachstum entfalten:

* Mitarbeitende, die gut mit sich selbst verbunden sind, werden weniger krank sein, besser mit hohen Belastungen umgehen können und sich aus einem Gefühl der Sinnhaftigkeit heraus für ihr Unternehmen einsetzen.
* Mitarbeitende, die mit anderen Mitarbeitenden verbunden sind, werden auf eine sehr effiziente Art und Weise zusammenarbeiten. Sie werden einander offen zuhören und dadurch effizient auch komplexe Aufgabenstellungen meistern. Die Innovationsrate wird steigen, weil die Vielfalt von Meinungen und Ideen Gehör finden wird anstatt von einer Haltung „not invented here" gebremst zu werden.
* Vorgesetzte, die sich mit ihrem Unternehmen und ihren Mitarbeitenden verbunden fühlen, werden als Vorgesetzte akzeptiert werden. Sie werden die besten Voraussetzungen haben, Leadership auf höchstem Niveau zu entwickeln, das Potenzial ihrer Teams zu nutzen, ohne sich von diesem Potenzial bedroht zu sehen, und werden auch in schwierigen Zeiten auf ihre Leute zählen können. Denn nur Verbundenheit kann zu Vertrauen führen.
* Manager der obersten Führungsstufe, die eine Empfindung für Verbundenheit haben, werden eine gute innere Balance haben und werden es dadurch leichter haben, den Verlockungen von kurzsichtigen Entscheidungen oder auch dem Druck von einseitig ausgerichteten Shareholdern zu widerstehen. Verbundenheit wird ihnen eine Basis geben, um einen sicheren moralischen Kompass zu entwickeln und ihm im Alltag zu folgen.
* Führungsgremien und Verwaltungsräte, die die Dimension der Verbundenheit in ihre Tätigkeit integrieren, werden ein Unternehmen mit einer umfassenden Weit-

sicht führen und es so positionieren, dass es sowohl im Markt wie auch in der Gesellschaft geachtet und bewundert wird.

Und wenn Sie sich nun zusätzlich vorstellen, dass all diese Faktoren der Verbundenheit ihrerseits miteinander verbunden sind und in ständiger Wechselwirkung zueinander stehen, dann bekommen Sie eine Vorstellung von der Wirkung, die dieser Hebel hat. Ich bin überzeugt, dass Unternehmen, die diese Hebelwirkung nutzen, sich in Sphären entwickeln können, von denen niemand zu träumen gewagt hätte. Und den Anfang von all dem bildet die Fähigkeit jedes einzelnen Menschen, Verbundenheit zu erleben und zu

Abb. 9.1 Verdichtete Wirkungszusammenhänge aus Kapitel 9

leben, was letztlich davon abhängt, wie groß die Rolle der Liebe in einem Leben ist (Abb. 9.1).

Kleiner Fragebogen zum Schluss

1. Können Sie sich an ein tief empfundenes Gefühl von Verbundenheit in Ihrem Leben erinnern? Was war das für eine Situation? Können Sie diese Empfindung in Worte fassen? Oder in Bilder?

2. Haben Sie schon ein ähnliches Gefühl, wenn auch vielleicht in einer geringeren Intensität (vielleicht aber sogar in seiner vollen Stärke), gegenüber Ihren Arbeitskollegen und -kolleginnen oder gegenüber Ihrem Arbeitgeber empfunden?

3. Wenn ja, in welcher Situation? Was hat Sie damals berührt, und was hat es in Ihnen berührt?

4. Wenn nein: ist das so gewollt von Ihnen, und beziehen Sie diese Qualität an einem anderen Ort in Ihrem Leben? Oder würden Sie das gerne ändern? Was wäre gegebenenfalls ein erster möglicher Schritt?

5. Wie gut ist Ihr Gefühl für Ihren eigenen Körper? Wie gut ist Ihr Sensorium für Ihre eigenen Bedürfnisse und Empfindungen? Fühlen Sie sich sich selbst verbunden, und letztlich: mögen Sie sich?

6. Fühlen Sie sich einer Familie, einem Freundeskreis, einer anderen Form von Gemeinschaft verbunden? Wie sehr haben Sie das Gefühl, in einem verlässlichen sozialen Netz aufgehoben zu sein?

7. Kennen Sie die Erfahrung von etwas Größerem, das über das Verstehbare hinausgeht (eine Religion, ein Glaube,

---

Werte, Kunst, Natur usw.)? Haben Sie ein Grundgefühl von „zu Hause sein"?

8. Haben oder hatten Sie Vorgesetzte, bei denen Sie eine Qualität der Verbundenheit beobachtet oder empfunden haben? Wenn Sie selber Vorgesetzter sind, wie weit haben Sie Ihrer Meinung nach diese Qualität entwickelt und wie ist sie für Ihre Mitarbeitenden sichtbar?

9. Glauben Sie, dass die Verbundenheit Ihrer Mitarbeitenden untereinander und mit Ihrem Unternehmen einen Einfluss hat auf die Effizienz der Zusammenarbeit und auf die Innovationsfähigkeit Ihrer Organisation? Wenn ja, wie fördern Sie Verbundenheit in Ihrem Unternehmen?

10. Wenn Sie eine Organisation führen oder an ihrer Führung maßgeblich beteiligt sind: auf welchem Stand sehen Sie Ihre Organisation in Bezug auf die Qualität von Verbundenheit?

11. Sind Sie mit diesem Stand zufrieden? Halten Sie Verbundenheit für ein relevantes Kriterium? Wenn nein, welches sind die für Sie relevanten Kriterien, um die Qualität und den Reifegrad Ihrer Organisation einzuschätzen?

10

Liebe und die totale Akzeptanz

Momente der Liebe kennen kein „aber", keinen Vorbehalt und keine Bedingungen: Wenn Sie mit Liebe zu jemandem erfüllt sind, machen Sie keine Prozentrechnung und keine Bilanz, sondern Sie nehmen Ihr Gegenüber, so wie er oder sie ist in seiner oder ihrer Gesamtheit, ohne Wenn und Aber.

Dasselbe geschieht, wenn Sie von einem Anblick in der Natur tief berührt sind. Vielleicht haben Sie einen dieser seltenen Momente schon erlebt: Sie sehen eine Landschaft, und plötzlich ist es, als würde sich ein letzter Vorhang heben, und Sie blicken unvermittelt auf etwas Absolutes, eine Schönheit, die Sie in Ihrem Innersten berührt. Der Moment vergeht wieder, und Sie bleiben tief berührt zurück, und etwas in Ihnen ist nicht mehr, wie es vorher war.

Joseph Zinker, einer der bekanntesten Gestalttherapeuten der Welt, bringt diese Art der Akzeptanz auf den Punkt, wenn er Psychotherapeuten rät:

> „Betrachtet den Menschen so, wie ihr einen Sonnenuntergang oder Berge betrachten würdet... Ihr würdet wohl kaum sagen ‚Dieser Sonnenuntergang sollte ein dunkleres Rot haben' oder ‚Dieses Gebirge sollte in der Mitte höher sein'. Ihr würdet es einfach voller Staunen betrachten" (Zinker, 2005).

© Springer-Verlag Berlin Heidelberg 2016
T. Koromzay, *Management und die Liebe*, DOI 10.1007/978-3-662-49517-9_10

Akzeptanz für das, was da ist, so wie es ist, wird in verschiedensten Methoden gelehrt und geübt, die sich im weitesten Sinn mit der geistigen, seelischen und spirituellen Entwicklung des Menschen befassen. Meditation und andere Achtsamkeitspraktiken, humanistische Psychotherapiemethoden wie die Gestalttherapie sowie die Feldenkrais-Methode als Bewegungslehre und -therapiemethode sind Beispiele dafür.

Akzeptanz ist eine Schlüsselqualität einer hoch entwickelten, reifen Persönlichkeit, und Selbstakzeptanz ein zentraler Faktor für einen hohen und verlässlichen Selbstwert: Sich selber annehmen in der Gesamtheit – die eigenen hellen und dunklen Seiten, die eigenen Fähigkeiten und inneren Schätze, die eigenen Unzulänglichkeiten und Schwächen – ist ein wichtiger Prozess auf dem Weg zur Selbstliebe.

Akzeptanz ist immens wichtig für einen gelingenden Umgang mit der Welt, denn es gilt immer wieder zu akzeptieren, was gegeben ist. Die Wichtigkeit dieser Haltung begegnet einem in den verschiedensten Theorien, Methoden und Lehren, die im weitesten Sinne einen spirituellen Aspekt beinhalten:

* Das Gelassenheitsgebet, das durch die Anonymen Alkoholiker populär wurde, deren Bewegung stark im christlichen Glauben verankert ist, drückt es so aus: „Gott, gib mir die Gelassenheit, Dinge hinzunehmen, die ich nicht ändern kann, den Mut, Dinge zu ändern, die ich ändern kann - und die Weisheit, das Eine vom Anderen zu unterscheiden."

* Eine meiner Lieblingsmetaphern für Akzeptanz stammt von Jon Kabat-Zinn, der sich mit verschiedenen Methoden der Achtsamkeitspraxis auseinandergesetzt hat: „You can't stop the wave, but you can learn to surf." Akzeptanz führt dazu, dass Sie nicht mehr gegen die Dinge ankämpfen, sondern sich mit ihnen versöhnen und verbünden.
* In der japanischen Kampfkunst Aikido findet sich ein Element der Akzeptanz. Dort gehört es zu den obersten Prinzipien, nicht zu ziehen, nicht zu stoßen und sich nie direkt gegen die Bewegung eines Angreifers zu stemmen, sondern diese Bewegung anzunehmen und sich mit ihr zu verbinden, um sie umzulenken und so eine Angriffssituation zu deeskalieren.

Das Potenzial der Akzeptanz lässt sich unmittelbar in die Businesswelt übertragen: Alleine wenn Sie sich vor dem Hintergrund Ihrer eigenen Erfahrung vor Augen führen, wie viel Energie damit verschwendet wird, Diskussionen gegeneinander zu führen statt miteinander, zu kämpfen – gegen Konkurrenten, gegen Budgetgegebenheiten, gegen die Zeit – anstatt zu kooperieren, wird klar, welche Chancen in der Qualität der Akzeptanz stecken, nicht nur punkto Effizienz und Produktivität, sondern auch punkto Arbeitszufriedenheit. Wenn Sie die Qualität der Akzeptanz pflegen, können Sie die paradoxe Erfahrung machen, dass sich Konflikte oft einfach auflösen, wenn Sie aufhören zu kämpfen. Die meisten Leute getrauen sich das nicht, aus Angst, sie würden überrollt, wenn sie aufhören zu kämpfen. Das Gegenteil ist der Fall. Zu dieser Erkenntnis zu gelangen, sie zu integrieren und in die Praxis umzusetzen, ist eine große Aufgabe in der Entwicklung der eigenen Persönlichkeit, aber die Rendite dieser Arbeit ist astronomisch, und zwar nicht nur in persönlicher, sondern auch in ökonomischer Hinsicht, darauf würde ich eine hohe Wette eingehen.

Natürlich gehört es zu den Aufgaben von Managern, Dinge zu verändern, nicht zufrieden zu sein mit dem Status quo. Kein vernünftiger Manager würde bloß dasitzen und verklärt dem Treiben der Welt zuschauen. Er wird dafür bezahlt, Dinge zu verändern und in Bewegung zu bringen. Meiner Ansicht nach wird diese Aufgabe bloß zu häufig als Kampf aufgefasst und auch in entsprechende Worte gekleidet, die allzu oft dem Vokabular der Kriegsführung entnommen sind. Das ist vor allem anstrengend und nicht sehr effektiv, zumindest auf lange Sicht. Zwei Dinge helfen besonders, dieser Aufgabe eine andere Qualität zu geben:

* Nicht zu schnell handeln: Ich erinnere an das Zitat von Kabat-Zinn: „You can't stop the wave, but you can learn to surf." Wenn Sie an einen Surfspot kommen, dann lautet die erste Devise: das Meer beobachten, mindestens fünfzehn, besser dreißig Minuten, um sich ein Bild zu machen von der Beschaffenheit der Wellen, von den Strömungen, von den Punkten, an denen die Wellen brechen, vom Verhalten anderer Surfer usw. Erst dann denken Sie daran, selber ins Wasser zu gehen. In den Businesskontext übersetzt: Widerstehen Sie der Verlockung, sehr schnell irgendwelche Aktionen zu beginnen, um Ihre Entschlussfreudigkeit und Tatkraft unter Beweis zu stellen. Investieren Sie genug Zeit (und genug ist meist mehr, als Sie zu Beginn glauben) in die Beobachtung und Analyse der Situation, die Sie verändern möchten. Nur das führt Sie zu fundierten Hypothesen darüber, wie das System funktio-

niert, das Sie beeinflussen möchten und welche Muster
das System prägen. Erst dann können Sie Ihre Ziele her-
leiten und daraus wiederum Ihre Maßnahmen.

* Die zweite Zutat ist Akzeptanz: Akzeptieren Sie, was Realität ist, und akzeptieren Sie Rahmenbedingungen, die
Sie nicht beeinflussen können, insbesondere die, deren
Akzeptanz oft nicht leicht fällt und für die Ihre Vorgesetzten allenfalls wenig Verständnis haben, beispielsweise die eigenen Grenzen punkto Fähigkeiten, Kennt-
nisse und Arbeitskapazität, die Grenzen dessen, wie
Veränderungsprozesse beschleunigt werden können, die
Grenzen dessen, was im Rahmen des Budgets finanziell
möglich ist, Hindernisse, die auftauchen und zusätzliche
Aufmerksamkeit und Zeit beanspruchen etc. Wenn Sie
solche Faktoren akzeptieren können, sinkt Ihr Risiko,
sie fahrlässig auszublenden oder zu leugnen. Berücksichtigen Sie diese Faktoren bei der Planung. Sie werden
Ihre Termine und Ihr Budget unter dem Strich besser
einhalten und gesund bleiben, anstatt ständig im roten
Bereich zu drehen und Ihre eigene und die Gesundheit
Ihres Teams zu strapazieren.

Akzeptanz schließt nicht aus, gleichzeitig einen hohen
Ehrgeiz zu haben und Dinge aus diesem Ehrgeiz heraus
verändern und entwickeln zu wollen. Sich fatalistisch allem
und jedem zu ergeben, wäre falsch verstandene Akzeptanz.
Wenn Ehrgeiz eingebettet ist in eine sinnhafte Vision, wird
aus ihm Gutes, Erfolgreiches und Profitables entstehen,
und Akzeptanz wird ihren Beitrag leisten, die aus Vision
und Ehrgeiz entstehenden Ziele auf eine intelligente, ef-
fektive und nachhaltige Art zu erreichen. Intelligent, weil

Sie nicht gegen Dinge kämpfen, gegen die Sie auf verlorenem Posten sind, effektiv aus dem gleichen Grund, und nachhaltig, weil Sie in Ihrer Strategie die ganze verfügbare Palette von Informationen und Signalen berücksichtigen werden. Denn Akzeptanz legt die Basis für eine Fähigkeit, die für Führungskräfte absolut zentral ist: die Fähigkeit des Zuhörens. Wenn Sie Akzeptanz üben, dann werden Sie weniger Abwehr entwickeln gegenüber Dingen, die zwar da sind, Ihnen aber eventuell nicht passen. Wenn Sie die Dinge mit Offenheit auf sich zukommen lassen, werden Sie sich Ihre Neugier bewahren, und diese Neugier wiederum wird Ihnen helfen, zuzuhören und dabei wirklich zu hören, was Ihr Gegenüber sagt.

Akzeptanz ist also ein Schlüssel für vieles: Wenn Sie akzeptieren, dass in jedem Projekt schwierige Phasen der Stagnation und Rückschläge auftauchen werden, werden Sie, wenn sie dann da sind, schneller wieder in einen produktiven und zuversichtlichen Modus kommen. Wenn Sie die Unvorhersehbarkeit akzeptieren, die komplexe Situationen auszeichnet, werden Sie von dieser Unvorhersehbarkeit weniger überrascht und weniger eingeschüchtert oder in anderer Art beeinträchtigt, und wenn Sie Ihre Kräfte auf die Dinge fokussieren, die Sie beeinflussen können, wird Ihre Produktivität und Ihre Fähigkeit, mit Stress umzugehen, steigen, und Ihre Motivation und Ihre Zufriedenheit werden nachhaltig gestärkt.

Akzeptanz hilft nicht zuletzt, den eigentlichen Sinn einer Tätigkeit nicht aus den Augen zu verlieren. Mit der Tendenz, gegen Dinge zu kämpfen, die Sie nicht beeinflussen können, geht die Tendenz einher, diese Dinge in den Mittelpunkt zu stellen und zuzulassen, dass Sie Ihre Aufmerksamkeit ganz in Anspruch nehmen. In kürzester Zeit verzetteln Sie sich in Scharmützeln und verlieren das Ganze aus den Augen. Wenn Sie Hindernisse akzeptieren, sinkt das Risiko, dass Sie sich von ihnen vereinnahmen lassen. Solange Sie gegen Hindernisse ankämpfen, haben sie Macht über Sie.

Akzeptanz lässt sich üben. Das können Sie beispielsweise in jeder achtsamkeitsbasierten Arbeit lernen. Dort entwickeln Sie eine Haltung, allem Wahrnehmbaren eine nichtwertende Aufmerksamkeit zu geben, eine Haltung, die im Wesentlichen heißt „Es ist da, was da ist". Mit dieser Art von Aufmerksamkeit schließen Sie nichts aus, auch negative Gedanken oder Gefühle nicht. Widerwille, Ärger usw. werden in ihrer Anwesenheit akzeptiert. Gleichzeitig lernen Sie aber auch, dass diese Dinge nicht Ihren innersten Kern ausmachen. Dieser innerste Kern, Ihr tiefstes Menschliches, Ihre Seele oder wie Sie das auch nennen mögen, bleibt davon unversehrt. Wenn Sie diese Haltung in Ihr Berufsleben transferieren können, erlaubt Ihnen das, Widrigkeiten in Ihrem Job eine angemessene und akzeptierende, aber keine übertriebene, vereinnahmende oder gar ausschließliche Aufmerksamkeit zu schenken und das Ganze im Blick zu behalten. Und so entsteht eine Wirkungskette: Über die Übung in Achtsamkeit entwickeln Sie Akzeptanz; diese hilft Ihnen, sich durch Widrigkeiten nicht vom Wesentlichen ablenken zu lassen, und so entwickeln Sie Zielgerichtetheit und Durchhaltevermögen – Eigenschaften, die Sie im Businessleben ganz gut gebrauchen können.

Eine in diesem Sinne verstandene Akzeptanz ist eng verwandt mit der Akzeptanz, die sich einstellt, wenn Sie eine Person aus Ihrem Innersten heraus lieben: Es mag Seiten an dieser Person geben, die Sie nicht mögen, die Sie ärgern, die Sie verzweifeln lassen, und doch ist immer klar, dass das nicht die Dinge sind, die im Zentrum stehen, denn es gibt immer noch etwas Tieferes, dass Sie an der Seite der geliebten Person hält. Paul Auster (2013) hat das in unvergleichlicher Art in Worte gefasst:

> „Deine Frau toleriert deine Schwächen, sie schimpft nicht und zetert nicht, und wenn sie sich Sorgen macht, dann nur, weil sie dir ewiges Leben wünscht. Du zählst die Gründe, warum du sie so viele Jahre lang an deiner Seite behalten hast, und das ist sicher einer davon, einer der hellen Sterne in dem ungeheuer großen Sternbild nie nachlassender Liebe."

Abb. 10.1 Verdichtete Wirkungszusammenhänge aus Kapitel 10

Wenn Sie diese Qualität der Akzeptanz entwickeln können, die das Wesentliche nie aus dem Blick verliert, dann werden Ihre Zufriedenheit und Ihre Effektivität bei der Arbeit steigen, und wenn Sie diese Qualität sogar ausstrahlen und vermitteln können, dann sind Sie nahe an den Leadership-Qualitäten, die in Zukunft nötig sein werden, um als Führungskraft erfolgreich zu sein (Abb. 10.1).

Kleiner Fragebogen zum Schluss

1. Wie ist Ihre Einstellung und Ihr Verhalten gegenüber Dingen, die Ihnen nicht gefallen, nicht in Ihre Pläne passen, mit denen Sie nicht zufrieden sind? Haben Sie die Tendenz, gegen sie anzukämpfen, oder können Sie sich mit ihnen versöhnen?

2. Unterscheidet sich das bei Ihnen, je nachdem, ob es um geschäftliche Dinge geht oder um private? Je nachdem, ob es situative Gegebenheiten sind, Aspekte in Ihrer eigenen Persönlichkeit oder Aspekte in der Persönlichkeit von Mitmenschen?

3. Falls Sie Unterschiede finden: wie erklären Sie sie sich?

4. Sind Sie schon Menschen begegnet, die Ihnen mit totaler Akzeptanz begegnet sind und Sie vollständig angenommen haben, mit allem, was Sie an Positivem und Negativem mitbringen, ohne dass das Negative den tiefsten Grund ihrer Wertschätzung berührt hätte?

5. Wenn ja, wie hat sich das angefühlt? Wenn nein, können Sie sich vorstellen, wie sich das anfühlen könnte?

6. Können Sie sich vorstellen, wie sich Ihre Leistung und Ihre Zufriedenheit entwickeln würden, wenn Ihr Vorgesetzter oder Ihre Vorgesetzte eine solche Person wäre?

7. Kennen Sie Ihre Grenzen, und akzeptieren Sie sie?

8. Kennen Sie Ihre Stärken und die Dinge, in denen Sie außergewöhnlich gut sind, und akzeptieren Sie sie? Oder halten Sie diese Dinge versteckt und stellen sie unter den Scheffel?

9. Wie reagieren Sie, wenn sich Ihnen im geschäftlichen Leben bei der Erreichung Ihrer Ziele unvorhergesehene Hindernisse in den Weg stellen? Überrascht Sie das? Macht es Sie wütend? Lähmt es Sie vorübergehend oder dauernd? Wie lange brauchen Sie, um in einer solchen Situation wieder in einen zuversichtlichen und produktiven Modus zu gelangen?

10. Wenn Sie in einer Diskussion mit Meinungen konfrontiert sind, die Ihrer Meinung diametral entgegenstehen, wie reagieren Sie? Mit Kampf? Verteidigung? Interesse?

11. Wehren Sie sich, wenn Sie von Ihren Vorgesetzten Vorgaben erhalten, die offensichtlich aufgrund von limitierten Ressourcen oder anderen Gegebenheiten nicht zu erreichen sind? Wenn nicht: wie gehen Sie mit solchen Situationen um? Wie erhalten Sie Ihre Arbeitsmoral aufrecht?

12. Quält es Sie, dass Sie wichtige Dinge in Ihrem Leben weder vorhersagen noch zur Gänze oder sogar gar nicht beeinflussen können, z. B. sich zu verlieben, einen Job zu erhalten oder zu verlieren, in Ihrer Gesundheit beeinträchtigt zu werden, einen geliebten Menschen zu verlieren, ökonomisch von einer Wirtschaftskrise getroffen zu werden? Oder können Sie mit dieser Unkontrollierbarkeit Frieden schließen?

11

Liebe als notwendige seelische Nahrung

Wenn Kinder in einer Umgebung aufwachsen, in der sie keine Zuwendung erfahren und in der sie keine starke positive emotionale Bindung zu ihren Bezugspersonen aufbauen können, entwickeln sie massive Entwicklungsstörungen, an denen sie oft ein Leben lang leiden. Als Psychotherapeut bin ich Menschen begegnet, die in ihrer Kindheit die Überzeugung entwickelt haben, dass sie wertlos sind, dass sie niemals genügen können und dass sie keinerlei Liebe verdienen. Aus meiner Sicht gehören solche Erfahrungen mit zu den schlimmsten Verletzungen, die man einem Menschen zufügen kann. Viele erholen sich nie restlos von diesen Wunden und tragen diese Bürde ein Leben lang mit sich.

Einem Menschen die Liebe zu verwehren, gehört zum Grausamsten, was man ihm antun kann. Das Bedürfnis nach Anerkennung, Wertschätzung und Zugehörigkeit ist eines der tiefsten allgemein menschlichen Bedürfnisse. Entsprechend ist die schlimmste Strafe nach wie vor der Ausschluss aus der Gemeinschaft, die soziale Ächtung und Ausgrenzung. Sie wird in unterschiedlichen Ausprägungen verwendet: Kinder dürfen zur Strafe nicht mitspielen oder müssen in ihr Zimmer, Erwachsene werden von ihren Freunden gemieden, wenn sie sich etwas zuschulden haben kommen lassen. Mit die grausamste Form der Ausgrenzung

© Springer-Verlag Berlin Heidelberg 2016
T. Koromzay, *Management und die Liebe*, DOI 10.1007/978-3-662-49517-9_11

ist Mobbing. Diese Art des sozialen Todes ist die Hölle auf Erden.

Das Bedürfnis nach echter Zuwendung, Anerkennung, Ermutigung, letztlich: nach Liebe, begleitet Menschen durch ihr ganzes Leben. Als Kleinkind und im Heranwachsen ist man ganz besonders auf sie angewiesen, um wachsen und sich entwickeln zu können. Es ist nicht anders im Erwachsenenleben: Behandeln Sie einen Menschen mit zugewandtem Wohlwollen und mit Wertschätzung, und er wird wachsen.

Menschen, die von dieser seelischen Nahrung zu wenig erhalten haben, entwickeln die verschiedensten Strategien, um dennoch zurechtzukommen. Eine dieser Strategien besteht darin, nach „Ersatzstoffen" zu suchen. Das Erwachsenenleben bietet eine Reihe von solchen Trostpreisen an für Menschen, die in ihrer Biographie nicht die Liebe, Wertschätzung, Anerkennung und Ermutigung erhalten haben, die sie gebraucht hätten; unter anderem Geld, Macht und Status. Psychologisch können diese Dinge Menschen ansonsten nicht vorhandenen Halt und Bestätigung bieten. Das Tragische dabei ist, dass das nur beinahe funktioniert und sie von dieser Nahrung nicht wirklich satt werden und deshalb von ihr abhängig bleiben. Das Fundament ihres Selbstwertes ist nicht stabil. Es droht ständig, weggespült zu werden, und deshalb muss das Material, aus dem es besteht, ständig neu herangeschaufelt werden.

Nun bringt eine Position im oberen Management in der Regel genau das mit sich: Geld, Macht und Status. Diese Dinge sind nicht per se schlecht, und die Freude an ihnen beileibe nicht per se ein Zeichen von persönlichen emotionalen Defiziten. Man kann sich an Geld, Macht und Status durchaus in einer äußerst gesunden Art freuen, als Anerkennung und Lohn für die eigenen Anstrengungen. Daran ist nichts auszusetzen, und es ist bei der Übernahme einer hohen Führungsfunktion ein wichtiger Schritt, die Macht, die sie mit sich bringt, anzunehmen, um dann umsichtig und integer mit ihr umzugehen. Das ist das Entscheidende: Dass man sich als Führungskraft der Möglichkeiten, Grenzen und Gefahren dieser „Begleiterscheinungen" bewusst ist und einen integren Umgang damit findet.

Problematisch wird die Sache erst dann, wenn Führungskräfte auf diese Insignien der Macht und der Position emotional angewiesen sind, weil sie ihr Selbstbild und ihren Selbstwert auf ihnen aufbauen und sie die erste statt die zweite Geige spielen lassen. Das Problematische an Ersatzstoffen wiederum ist, dass sie süchtig machen, und das stellt ein enormes Risiko für Unternehmen dar, denn Süchtige sind manipulierbar, verführbar und erpressbar. Wenn Sie als verführbare oder gar süchtige Person an der Spitze eines Unternehmens stehen, dann geschieht, was bei jeder Sucht geschieht: Das Denken verarmt, die Aufmerksamkeit liegt praktisch nur noch beim Suchtmittel, die Bereitschaft, Regeln zu brechen, um sich seinen „Stoff" zu besorgen, steigt… kommt Ihnen das bekannt vor vor dem Hintergrund vergangener Skandale um illegale und fahrlässige Handlungen von Spitzenmanagern?

In den Worten von David Kantor:

„Work systems are powerful. They put bread and butter on our plates. They define us as worthy or unworthy. They inflate or deflate our egos. For many, they are a home away from home, and for others they are the chief source of affection, intimacy, and love" (Kantor, 2012).

Deshalb ist es essenziell, in Ausübung einer Führungstätig-keit, in der umsichtige und integre Entscheidungen gefragt sind, auf einen fundierten und stabilen, von Geld, Macht und Status möglichst wenig abhängigen Selbstwert zählen zu können. Das heißt auch, Ihre emotionalen Verführbar-keiten zu kennen, zu wissen, wo man Sie emotional ködern kann. Nur wenn Sie das wissen, können Sie auf diese Fallen besonderes Acht geben, und Sie können Versuchungen oder Manipulationsversuchen besser widerstehen. Eine integrier-te Emotionalität und eine gute Kenntnis Ihres eigenen In-nenlebens wird dazu beitragen, dass Sie Ziele setzen und Dinge anstreben, weil sie Sinn machen und für Ihre Orga-nisation nützlich sind, und nicht, weil sie Ihnen Trostpreise verheißen als Ersatz für seelische Nahrung, die Ihnen allen-falls in gewissen Phasen Ihres Lebens gefehlt hat oder die Sie in Ihrem aktuellen Leben vernachlässigen. Eine gefestigte und Ihnen vertraute Emotionalität wird Sie unabhängiger machen von solchen Verheißungen und Sie letztlich sicher durch schwierige Entscheidungssituationen führen.

Die beschriebenen grundlegenden psychologischen Be-dürfnisse nach Liebe in all ihren Formen und ihre biogra-phische Bedeutung für die persönliche Grundausstattung an Selbstwert, Sicherheit, Zuversicht, Vertrauen in die eigenen Fähigkeiten usw. haben nicht nur starke Impli-kationen für das Selbstmanagement, sondern spielen auch eine wichtige Rolle für die Beziehungsgestaltung zwischen Führungskräften und ihren Mitarbeitenden. Der direkte Umgang mit dem eigenen Vorgesetzten triggert bei Mit-arbeitenden biographische Erfahrungen, die sie mit Au-toritätspersonen gemacht haben, besonders die aus ihrem frühen Leben. In dieser Beziehung bilden Erlebnisse mit

Vorgesetzten ein aktuelles Glied in der Kette von Erfahrungen mit Eltern, wichtigen Bezugspersonen, Lehrern, Vorbildern und früheren Vorgesetzten, und die frühen Erfahrungen haben dabei die größte Prägungskraft. Die Intensität dieser Erfahrungen im Berufskontext ist viel kleiner als die frühe biografische Erfahrung, aber sie hat die identische Qualität. Das ist mit der Grund, weshalb Mitarbeitende ihre Vorgesetzten als Erstes darauf prüfen, ob sie ihnen wohlgesonnen sind im Sinne einer grundsätzlichen Wertschätzung, denn wie von früheren Autoritätspersonen erwarten sie auch von Vorgesetzten eine gewisse minimale emotionale Nahrung.

Insbesondere Menschen, die in ihrem Leben nicht reich beschenkt wurden mit Liebe und ein tiefes Selbstwertgefühl in sich tragen, können sich über die kühnsten Erwartungen hinaus entwickeln, wenn sie ein förderliches Umfeld haben. Hier schlummert ein enormes Potenzial, auf der menschlichen wie auch auf einer leistungsbezogenen Ebene, von dem ein Unternehmen enorm profitieren kann. Wenn Sie also als Führungsperson erfolgreich sein möchten, dann sollten Sie Menschen mögen, und Sie sollten, im weitesten Sinne, Liebe zu geben haben. Selbstverständlich nicht in Form von romantischer, intimer Liebe, und selbstverständlich haben Sie keinen therapeutischen Auftrag gegenüber Ihren Mitarbeitenden, aber Sie müssen in der Lage sein, die Abwandlungen und Erscheinungsformen, in die die Liebe im Business-Kontext übersetzt werden kann – Wertschätzung, Ermutigung, Zugewandtheit, Akzeptanz – anderen Menschen zu geben. Und wenn Sie Gestaltungsmacht am System haben, setzen Sie sich dafür ein, dass Wertschätzung nicht nur auf individueller Ebene gepflegt wird, sondern ihren Widerhall auch in den strukturellen Rahmenbedingungen in Ihrem Unternehmen findet, in Form von geeigneten formellen und informellen Regeln, Bewertungs- und Belohnungssystemen, physischen Strukturen, Kommunikationsformen usw.

Das schließt nicht aus, dass Sie – selbstverständlich – auch immer wieder schlechte Nachrichten überbringen müssen, Leistungssteigerungen einfordern müssen, unerwünschtes Verhalten sanktionieren müssen usw., aber das bedeutet nicht, dass Sie dabei Ihr Mitgefühl und Ihre Zugewandtheit verlieren müssen. Viele Leute scheinen der Annahme zu folgen, Härte müsse immer auch mit zusammengezogenen Augenbrauen, einer strengen Stimme oder gar mit Aggression verbunden werden. Das Gegenteil ist der Fall: Wenn Sie Ihr Mitgefühl aufrecht erhalten dafür, dass gewisse Situationen für Ihre Mitarbeitenden sehr unangenehm sind, können Sie auch sehr harte Nachrichten überbringen, ohne dass die Arbeitsbeziehung zwischen Ihnen zerbricht. Wenn Sie schlechte Nachrichten hart und emotional kalt überbringen, werden die negativen emotionalen Reaktionen Ihnen als Person gelten. Wenn Sie sie hart und emotional warm überbringen, werden sie eher der Situation gelten, und Sie werden schneller wieder in einen zuversichtlichen und produktiven Modus kommen.

Schließlich spielen diese Aspekte auch in die Unternehmensführung als Ganzes mit hinein, nämlich in die Art und Weise, wie sich ein Unternehmen gegenüber seinen Mitarbeitenden zeigt. Mitarbeitende weisen ihrem Arbeitgeber oft eine gewisse personalisierte Identität zu und machen sich auf dieser Ebene ein Bild davon, ob „die Firma" ihnen grundsätzlich gut gesinnt ist oder nicht. Mitarbeitende möchten sich mit ihrem Unternehmen identifizieren können, und wenn die Zugehörigkeit zu einem Unternehmen emotional positiv bewertet wird, steigt die Leistung von Mitarbeitenden markant an. Deshalb macht es nicht nur auf psychologischer Ebene, sondern auch aus betriebswirtschaftlicher Perspektive sehr viel Sinn, sich angemessen um das Wohl der Mitarbeitenden zu kümmern. Die Investitionen, die Sie in diesem Bereich machen, haben eine sehr hohe Rendite. In den offiziellen Papieren zur Personalpolitik und in den Absichtserklärungen in Hochglanzbroschüren bekennt sich praktisch jedes Unternehmen zu solchen Haltungen. Der Umsetzungsgrad hinkt den Absichtserklärungen aber oft meilenweit hinterher, und der entscheidende Unterschied entsteht letztendlich im Ausmaß, in dem Management und Führungskräfte diese Haltung nicht nur deklarieren, sondern leben. Dieser Unterschied ist eine Frage der emotionalen Verfasstheit, der persönlichen Wertesysteme, der Prioritäten und des Mutes, diese Prioritäten gegenüber Mitarbeitenden, Kollegen und auch hierarchisch nach oben zu vertreten. Systeme werden nur verändert, wenn entsprechende Entscheidungen getroffen werden. Entscheidungen wiederum werden von Menschen getroffen, nicht von Systemen. Deshalb ist es so wichtig, wo Führungskräfte als Person stehen.

Daraus leitet sich ganz direkt eine Empfehlung für Führungskräfte jenseits von allen Führungskursen und Leadership Programmen ab: Führen Sie ein reiches, volles Leben, ein Leben, in dem Dinge wie emotionale Bindung, Liebe, Verbundenheit, Spiritualität, Sinn und Kunst dauerhaft Platz haben. Das bedeutet auch, diesen Platz in Form von Zeit bereitzustellen, inklusive der Konsequenzen, die das für Ihre Agenda hat. Das bedingt eine große Standhaftigkeit gegenüber Dringlichkeiten, die täglich dauernd auf Sie einprasseln. Die so investierte Zeit lohnt sich für Sie und auch für Ihr Unternehmen. Pflegen Sie Ihre emotionale Berührbarkeit, und sorgen Sie dafür, dass Sie emotional gut genährt werden. Es wird einen unermesslichen Wert für Sie haben:

* Sie werden Belastungen besser standhalten können, denn ein stabiles emotionales Fundament erschließt die Ressourcen, die Sie dafür benötigen.
* Es wird Ihnen leichter fallen, Kontakt zu anderen Menschen aufzubauen und sie so durch Ihre authentische und integre persönliche Wirkung für die Erreichung gemeinsamer Ziele zu gewinnen.
* Sie werden sich weniger angegriffen fühlen, wenn Sie kritisiert werden oder wenn Ihre Entscheidungen angezweifelt werden.
* Sie werden einen reichen persönlichen Hintergrund haben, der Ihnen hilft, kreative Lösungen zu entwickeln für anspruchsvolle Fragestellungen.
* Sie werden in der Zusammenarbeit mit Kollegen und in Ihrem Verhalten innerhalb der Hierarchie weniger Zeit und Energie aufwenden für Machtspiele und mehr für den Fortschritt in der Sache.
* Sie werden Geld, Macht und Status angemessen genießen können und darauf stolz sein können, ohne von diesen Dingen abhängig zu werden oder ihnen ein übermäßiges Gewicht beizumessen. Das wird Sie unabhängiger machen und weniger anfällig für Manipulationen und Versuchungen.

* Sie werden ein kleineres Risiko haben, sich in einer eingeengten Sicht zu verrennen, weil Sie eher bereit sein werden, abweichende Meinungen wahrzunehmen und ein-
zubeziehen, denn Sie werden sie nicht als Bedrohung Ihres Wertes oder als Angriff auffassen.

Emotionaler Reichtum führt zu mehr innerer Freiheit
und Sicherheit, und das sind Eigenschaften, die in Führungspositionen, in denen weitreichende und komplexe
Entscheidungen zu treffen sind, Gold wert sind. Also achten Sie darauf, dass Sie sich emotional gesund ernähren,

Abb. 11.1 Verdichtete Wirkungszusammenhänge aus Kapitel 11

indem Sie der Liebe einen angemessenen Platz in Ihrem
Leben geben (Abb. 11.1).

Kleiner Fragebogen zum Schluss

1. Wie erzählen Sie Ihre persönliche Geschichte der Liebe?
   Wurden Sie geliebt? Werden Sie geliebt? Wissen Sie, wie
   man liebt? Wissen Sie, wie man geliebt wird?

2. Lassen Sie zu, dass Sie lieben? Lassen Sie zu, dass Sie geliebt werden?

3. Haben Sie eine Vorstellung davon, wie sich die Antworten auf die obigen Fragen auf Ihre Art auswirken, in der
   Sie Arbeitsbeziehungen aufbauen, mit Hierarchie- und
   Machtfragen umgehen, Entscheidungen treffen, Akzeptanz, Vertrauen und Respekt aufbauen bei Ihren unterstellten Mitarbeitenden und in Ihrer Organisation?

4. Wo sehen Sie Ähnlichkeiten in der Art, wie Sie intime Beziehungen pflegen – was Ihnen dabei leicht fällt, welche
   Themen Sie tendenziell vermeiden, was Sie zu geben haben, was Sie nehmen können usw. – und der Art, wie Sie
   professionelle Beziehungen pflegen?

5. Sehen Sie Parallelen zwischen der Rolle, die Sie in Ihrer
   Herkunftsfamilie übernommen haben, und der Rolle, die
   Sie heute in Teams einnehmen – in alltäglichen Situatio-
   nen wie auch unter großem Druck?

6. Können Sie den emotionalen Kontakt gegenüber Mitarbeitenden aufrechterhalten, die Ihre Erwartungen punkto
   Leistung und/oder Verhalten nicht erfüllen? Wie leicht
   fällt Ihnen das?

7. Falls nicht: welches sind Ihre Auswege? Druck? Ungeduld? Vermeidung? Förmlichkeit? Haben Sie Auswege gefunden, die konstruktiv sind und gut funktionieren?

8. Wer oder was in Ihrem Umfeld nährt Sie emotional? Kriegen Sie auf dieser Ebene „genug zu essen"?

9. Können sie im Bereich von Wertschätzung, Anerkennung, Ermutigung, Vertrauen, Integration anderen Menschen etwas geben – privat und im professionellen Kontext?

10. Neigen Sie dazu, Menschen mit tiefem Selbstwert die Schuld an diesem Selbstwert zuzuschreiben? Wenn ja, was glauben Sie, würde sich verändern in deren Leistung und Verhalten und in Ihrer Beziehung zu ihnen, wenn Sie das nicht tun würden? Wie würde es Ihr Verhalten gegenüber solchen Menschen verändern?

11. Was bedeuten Ihnen die Begleiterscheinungen einer hohen Führungsposition, wie Geld, Macht, Status, Geltung und Aufmerksamkeit? Sind Sie emotional darauf angewiesen, davon immer mehr zu erhalten, oder geht es Ihnen letztlich um andere Dinge?

12. Wissen Sie von sich selbst, wo Sie emotional verführt, manipuliert oder sogar erpresst werden können? Sind Sie in der Lage, solche Situationen rechtzeitig zu erkennen? Haben Sie für sich Lösungen gefunden, wie Sie dieser Verführung, Manipulation oder Erpressung widerstehen können und heil aus der Situation herauskommen?

12

Liebe als Motor der Persönlichkeitsentwicklung

Die Herausforderungen, die Führungskräfte zu bewältigen haben, sind gewaltig, und diese Herausforderungen werden sich in Zukunft noch akzentuieren.

Um sie zu bewältigen, bedarf es selbstverständlich eines großen fachlichen Know-hows und eines gut entwickelten professionellen Handwerkszeuges als Führungskraft und Manager. Der Hauptfaktor aber, der den Unterschied macht zwischen „good" und „great", wird Ihre Persönlichkeit sein. Um in der höchst anspruchsvollen Umgebung zu bestehen, die durch eine Führungsposition konstituiert wird, müssen Sie als Person gereift und gefestigt sein:

* Sie müssen über genügend innere Sicherheit verfügen, um die Tatsache auszuhalten, dass Sie all das, wofür Ihnen Kraft Ihrer Position die Verantwortung übertragen wird, weder überblicken, noch punktgenau gezielt beeinflussen können.

* Sie müssen über ein genügend hohes und solides Selbstwertgefühl verfügen, um andere Menschen emotional erreichen und überzeugen zu können durch Ihre authentische Präsenz.

* Sie müssen sich eine im weitesten Sinne spirituelle Ebene erschlossen haben im Sinne einer Verbundenheit mit

© Springer-Verlag Berlin Heidelberg 2016
T. Koromzay, *Management und die Liebe*, DOI 10.1007/978-3-662-49517-9_12

anderen Menschen, mit Ihrer Umgebung und mit etwas Größerem, damit Sie umsichtige Entscheidungen treffen können, bei denen Sie deren Auswirkungen in die verschiedensten Richtungen berücksichtigen und balancieren.

- Sie müssen eine gute und wertschätzende Verbundenheit mit sich selbst entwickelt haben, um sensibel zu bleiben für Ihr eigenes Wohlbefinden und für Ihre Grenzen, denn wenn Sie angeschlagen sind oder in schleichende Raubbauprozesse geraten, wird die Qualität Ihres Urteilsvermögens, Ihrer Entscheidungen und Ihrer Handlungen leiden.

- Sie müssen intellektuell und emotional integriert haben, dass es „die Wahrheit" nicht gibt. Sonst werden Sie komplexe Situationen zu verkürzt beurteilen und Ihre Entscheidungen in relativer Blindheit fällen, und Sie werden zu wenig zugänglich sein für abweichende Meinungen, Kritik und für wichtige Warnsignale.

Und da Entscheidungen, wie bereits erwähnt, in hohem Maße von Emotionen beeinflusst werden, sogar sogenannte rationale Entscheide, ist es als Leader von größter Wichtigkeit, dass Sie sich selber gut kennen. Die Geschichte, mit der Sie geworden sind, wer Sie sind, ist ganz wesentlich geprägt von der Geschichte Ihrer frühen Erfahrungen mit der Liebe. Sie haben direkte Auswirkungen auf Ihr Erleben und Handeln in Ihrem Berufsalltag.

Die Auseinandersetzung mit diesem Thema führt zu Ihrer biographischen Prägung, was Liebe, Zuneigung und Wertschätzung anbelangt, aber auch, was Ihre Reaktionsmuster anbelangt, wenn Sie sich angegriffen oder kritisiert fühlen. Sie verrät Ihnen, was Sie innerlich antreibt, wie Sie Entscheidungen fällen, und wie Sie höchstwahrscheinlich unter Druck reagieren werden. Es ist deshalb immens wichtig, die Winkel dieser eigenen inneren Landschaft zu kennen, denn wichtige Entscheidungssituationen sind per Definition immer auch Drucksituationen, und in Drucksituationen manifestieren sich alte, tief verwurzelte Erlebens- und Handlungsmuster.

Die Gestalttherapie beschreibt den Prozess der biographischen Prägung wie folgt: Wir alle ziehen im Lauf unseres Heranwachsens in hoch emotionalen Situationen Schlussfolgerungen über die Welt und über andere Menschen. Einige dieser Schlussfolgerungen verdichten sich zu permanenten mentalen und emotionalen Strukturen, die über Gebühr oft reaktiviert werden, selbst in Situationen, in denen sie nicht (mehr) die beste Wahl sind. Greenberg nennt diese Strukturen in einer Weiterentwicklung der gestalttherapeutischen Theorie „Schemata", in denen kognitive, emotionale, motivationale und relationale Aspekte integriert sind (Greenberg, 2003).

Das bedeutet: Wenn Sie sich selbst nicht gut kennen, riskieren Sie, von solchen Schemata dominierte Entscheidungen zu treffen, die wenig hilfreich sind, weil diese Schemata sich gar nicht auf die konkrete Situation in der Gegenwart beziehen, sondern auf manchmal nur entfernt ähnliche Situationen in der Vergangenheit. Sie sind Wiederholungen von früher ausgebildeten Mustern. In solchen Momenten werden Sie von Emotionen vereinnahmt und verlieren sich in reflexhaften Stereotypen, anstatt auf die jeweils aktuelle Situation adäquat zu reagieren. Eine von solchen Schemata dominierte Emotionalität ist eine Quelle von

Verzerrungen Ihrer Wahrnehmung, Beurteilung, Entscheidungsfindung und Ihres Verhaltens. Eine entwickelte, reflektierte und integrierte Emotionalität hingegen erschließt Ihnen einen wahren Schatz an Informationen und Entscheidungshilfen und führt zu einer konstruktiven und präzisen Intuition. Nicht umsonst geht es bei den vielen Wegen der Persönlichkeitsentwicklung nicht zuletzt darum, die Augen zu öffnen für das, was wirklich da ist: Offen zu sein und das, was Ihnen begegnet, unvoreingenommen und frisch zu betrachten, anstatt die Dinge in Schubladen zu stecken, die Sie vor zwanzig Jahren gezimmert haben, oder vor dreißig, oder vierzig.

In der Literatur zur Persönlichkeitsentwicklung gibt es verschiedene Modelle, die sich jedoch in ihren wesentlichen Zügen sehr ähneln, und es lassen sich typische Stufen der Persönlichkeitsentwicklung unterscheiden. Sie werden „Stufen" genannt, weil sich der Übergang zwischen ihnen oft nicht graduell gestaltet, sondern eher in Form von disruptiven Veränderungen. Dabei ist es durchaus möglich, in unterschiedlichen Lebensbereichen auf unterschiedlichen Stufen zu stehen. Dennoch gibt es auf dem Weg der Persönlichkeitsentwicklung Übergänge und Türen, durch die man nur in eine Richtung gehen kann. Wenn Sie beispielsweise einmal erkannt haben, das Sie die Realität ganz wesentlich konstruieren und man die Welt grundsätzlich auch immer anders sehen kann, dann ist Ihnen der Weg zur Behauptung einer absoluten Wahrheit oder einer einzig richtigen Lösung versperrt: Sie werden die Welt nie mehr so einfach sehen können, weil Ihnen dies ganz offensichtlich sinnlos erscheinen wird.

Die markanteste Übergangslinie im Bereich der Persönlichkeitsentwicklung verläuft zwischen einer Perspektive, die davon ausgeht, dass es eine echte Wahrheit gibt und dass man diese Wahrheit auch finden kann, und einer mental und emotional integrierten Perspektive, die nicht an eine einzige Wahrheit glaubt, sondern Wahrheit als etwas Relatives, Konstruiertes ansieht, als das Resultat von höchst subjektiven Prozessen der Wahrnehmung und Bedeutungszuschreibung. Diese Linie trennt zwei grundlegend verschiedene Arten, die Welt zu sehen, die Cook-Greuter „conventional" und „postconventional" nennt (Cook-Greuter, 2013).

Wohlgemerkt: Wer auf einer späteren Stufe der Persönlichkeitsentwicklung steht, ist kein „besserer" Mensch, ebenso wenig wie intelligentere Menschen die besseren Menschen sind. Jede der in der Literatur beschriebenen Stufen ist für bestimmte Aufgaben und Umwelten hervorragend geeignet, und sie als besser oder schlechter zu werten wäre vollkommen verfehlt. Deshalb würde ich es vorziehen, wenn solche Persönlichkeitsmodelle nicht als Pyramide, Treppe oder von „unten" nach „oben" verlaufende Spiralen dargestellt würden, sondern als horizontale Verläufe, um keine Symbolik des Erhabenen oder Überlegenen zu fördern. Außerdem finde ich es hilfreich, von Perspektiven zu sprechen anstatt von Stufen und die Abfolge eher mit „früher" und „später" statt mit „höher" und „tiefer" zu bezeichnen.

Es geht also nicht darum, den Wert von Menschen aufgrund der Perspektive zu definieren, die sie aufgrund ihrer persönlichen Entwicklung einnehmen. Wohl aber darf man sagen, dass sich mit jeder Ebene der Perspektive die Fähigkeit erhöht, mit Komplexität umzugehen, Widersprüche aufzulösen und integrative Sichten von sehr heterogenen Phänomenen zu entwickeln, und das sind zweifellos Dimensionen, die für Führungskräfte in hohem Maße relevant sind.

Empirische Untersuchungen haben gezeigt, dass Menschen, die die Welt aus postkonventionellen Perspektiven sehen, die Minderheit darstellen. Nun kann man, wie erwähnt, ein sehr gutes, erfolgreiches und glückliches Leben führen auch aus einer „konventionellen" Weltsicht; es wird dann jedoch zunehmend schwierig, einer Tätigkeit in einer hohen Führungsposition auf Dauer gut und erfolgreich nachzugehen. Hoch komplexe Fragestellungen und Aufgaben sind nur aus einer postkonventionellen Perspektive adäquat zu bewältigen.

Auf einer intellektuellen Ebene sind postkonventionelle Sichtweisen und Erkenntnisse, die beispielsweise auch in der Systemtheorie und der Theorie des Konstruktivismus aufscheinen, relativ leicht zu verstehen, und systemische Sichtweisen sind heute Teil jedes Managementlehrganges (so hoffe ich zumindest). Dennoch fließen diese Erkenntnisse noch sehr wenig in die Praxis ein. Meines Erachtens liegt das nicht an den intellektuellen Grenzen von Führungskräften, sondern an den emotionalen. Der Hauptgrund, weshalb die Erkenntnisse, die längst vorliegen, so wenig genutzt werden, liegt meines Erachtens darin, dass die Mehrzahl der Führungskräfte die Zumutungen, die diese Theorie beinhaltet, emotional nicht aushalten kann, nämlich das Zusammenbrechen der Kausalität als Erklärungsprinzip, das Ausmaß an Nicht-Wissen, das in diesen Konzepten deutlich wird, das Ausmaß, in dem die sogenannte Realität eine subjektive Konstruktion darstellt. Diese Zumutungen werden besser aushaltbar, wenn Sie als Persönlichkeit so weit sind, das Sie nicht nur intellektuell, sondern auch emotional verstehen, dass es „die Wahrheit" nicht gibt, wenn Sie diese Erkenntnis akzeptiert und integriert haben, und wenn Sie genügend innere Sicherheit haben, um diese äußere Unsicherheit auszuhalten.

Und was bedeutet es nun, die eigene Persönlichkeit zu entwickeln, und wie macht man das? Egal, ob man diese Frage aus einer psychologisch-psychotherapeutischen Perspektive betrachtet oder aus einer Perspektive von spirituellen Übungswegen, immer begegnet man einer zentralen Aufgabe, die man unter einem gemeinsamen Nenner beschreiben könnte als „Öffne die Augen": Es geht dabei darum, einen unverstellten Blick zu entwickeln für das, was da ist, nämlich eine breite Palette an persönlichen Eigenschaften und Facetten. Es gilt, sich selber in seiner Vielfältigkeit sehen zu lernen. Dazu gehören Ihre eigenen inneren Schätze, Stärken, Talente und Ressourcen auf der vitalen, emotionalen und kognitiven Ebene, wie auch Ihre dunklen Seiten, Ihre brach liegenden Anteile; Anteile, die Sie nicht mögen oder für die Sie sich vielleicht sogar schämen, Ihre Grenzen, Ihr Stil, wie Sie Beziehungen gestalten; die Art, in der Sie wahrnehmen und Dingen ihre Bedeutung geben. Der Moment, in dem Sie gewahr werden, dass Sie es sind, der den Dingen ihre Bedeutung gibt, ist der Moment, in dem Sie erkennen, dass es „die Wahrheit" nicht gibt. Und wenn Sie die Augen öffnen, tut sich die Tür auf zum nächsten Kernprinzip: „Geh aus dem Weg." Egal, ob Sie sich als Person weiterentwickeln möchten oder ob Sie als Führungskraft dazu beitragen möchten, dass gute Dinge geschehen, in vielen Fällen beginnt das damit, dass Sie aus dem Weg gehen.

Sowohl in Bezug auf Ihre hellen Seiten wie auch in Bezug auf Ihre dunklen Seiten können Sie die Augen verschließen und im Weg stehen: Im ersteren Fall, indem Sie Ihr Licht unter den Scheffel stellen, sich scheuen, sich mit Ihren Stärken, Talenten, Meinungen usw. zu zeigen und damit natürlich auch zu exponieren; im letzteren Fall, indem Sie sich überschätzen oder indem Sie heikle Themen oder auch ganze Lebensbereiche vermeiden und sich damit von einem nennenswerten Teil Ihres Erlebens abspalten, der nichtsdestotrotz einen großen Einfluss auf Ihr Erleben, Denken, Fühlen und Handeln ausüben wird.

Gegenüber solchen Anteilen die Augen zu öffnen ist leichter gesagt als getan. Oft sind die inneren Türen gut verschlossen, die Angst, die mit der Befürchtung verbunden ist, was geschehen könnte, wenn Sie diese Türen öffnen, ist zu groß. Um Zugang zu diesen Teilen Ihrer Persönlichkeit zu erhalten, benötigen Sie ein Gegenüber. Dieses Gegenüber muss fremd genug sein, um Sie von außen betrachten und Ihnen den Spiegel hinhalten zu können, und vertraut und freundlich genug, damit Sie sich von ihm konfrontieren lassen können und auch nehmen können, was es sagt. Sie benötigen dafür eine Person, bei der Sie das Gefühl haben, in Sicherheit zu sein und wertgeschätzt zu sein, selbst wenn Sie ihr Ihre dunkelsten Gedanken anvertrauen, in ihrer Gegenwart Ihre größten Zweifel aussprechen, Ihre größten Ängste benennen und sich ihnen stellen.

Hier kommen Konzepte und Theorien, die ausschließlich das Positive betonen und behaupten, dass es nichts bringt, wenn man sich mit Problemen, Schwächen, Verletzlichkeiten usw. beschäftigt, an ihre Grenzen. Ich kann ihrer generellen Präferenz in der Ausrichtung auf Ressourcen, auf positive Zeichen der Veränderung und auf die Auflösung des eingeengten Fokus auf Probleme folgen, aber in ihrer Ausschließlichkeit greifen diese Methoden aus meiner Sicht zu kurz, sobald es um tiefe menschliche Urthemen geht, und in ihrer manchmal krampfhaften und fast schon sektiererischen Art, alles Unangenehme und Negative zu vermeiden, verpassen sie es, die Schätze zu heben, die dort liegen, und torpedieren damit letztlich den eigenen Ansatz, nämlich Lösungen zu finden.

Ich vertrete die Meinung, dass die humanistischen Psychotherapiemethoden für eine solche innere Reise am besten geeignet sind: Gestalttherapie, Körperpsychotherapie, Psychodrama, Integrative Therapie. Denn diese Methoden legen den Hauptfokus auf Ressourcen, ohne jedoch die schwierigen, leidvollen, dunklen Seiten des menschlichen Erlebens auszuklammern oder sie zähneklappernd zu vermeiden. Diese Methoden sind darauf ausgelegt, geistige, seelische und körperliche Prozesse gleichermaßen genügend zu berücksichtigen. Wenn man die Resultate der modernen Forschung anschaut, beispielsweise die Forschung über wirksame therapeutische Prozesse oder auch die Ergebnisse der Neurowissenschaften, so bestätigen sie dauernd Dinge, die die humanistischen Methoden schon lange kennen und mit denen sie schon lange arbeiten. Meine persönliche Präferenz und Empfehlung lautet also: Suchen Sie sich einen Coach oder Therapeuten, der zu Ihnen passt und in einer dieser Methoden ausgebildet ist oder der anderweitig glaubhaft machen kann, dass er in der Lage ist, mit menschlichem Erleben auf einer emotionalen, kognitiven und leiblichen

Ebene in einem hohen Vertiefungsgrad umzugehen. Sie sind dünn gesät, aber die Suche lohnt sich.

Dabei ist es überhaupt nicht gesagt, dass Sie sich in einen tiefen therapeutischen Prozess einlassen müssen, und ich möchte auch nicht behaupten, dass Menschen mit einem anderen Hintergrund als der, den ich hier empfehle, nicht ebenfalls ein hervorragendes Gegenüber für diese Art von Arbeit sein können. Was mir aber deutlich scheint: Potenziell kommen auf einer solchen Reise Dimensionen zum Vorschein, für die die heutigen reinen Coaching-Ausbildungen nicht genügend Rüstzeug bereitstellen.

Letztlich, das zeigt die Wirksamkeitsforschung klar, ist der größte Wirkfaktor die Beziehungsqualität zwischen Klienten und ihrem Gegenüber, und die spezifische Methode macht nur etwa fünfzehn Prozent der Wirkung aus. Wenn ich dennoch eine methodische Präferenz äußere, dann rührt sie daher, dass die humanistischen Methoden diesem zentralen Wirkfaktor, der Beziehungsqualität zwischen den zwei Menschen, die miteinander arbeiten, aus meiner Sicht am explizitesten und systematischsten Raum geben und sowohl theoretische wie praktische Grundlagen liefern, mit dieser Qualität zu arbeiten. Primär aber müssen Sie auf die Suche gehen nach einer Person, die Sie in Ihrer Menschlichkeit anspricht, jenseits aller methodischen Vorlieben.

Die Person, mit der Sie arbeiten, muss Ihnen liebevoll begegnen können, was auch immer geschieht und was Sie ihr auch immer offenbaren. Etwas nüchterner formuliert: Sie können sich nicht weiterentwickeln, wenn Ihr Coach zu Ihnen keine unterstützende, vertrauensvolle und wertschätzende Beziehung aufbauen kann und Ihnen in Bezug auf Persönlichkeitsentwicklung nicht mindestens ebenbürtig ist. Und wenn man diese Beziehungsqualitäten zu ihrer Quelle zurückverfolgt, landet man bei der Liebe. Liebe ist der Motor für die persönliche Entwicklung.

Die therapeutischen Praxen sind voll von Menschen, die in ihrer Biographie zu wenig davon erhalten haben und deshalb nicht richtig wachsen konnten, also pflegen Sie diese Qualität in Ihrem Leben. Sie können Sie in ihrer Bezeichnung abschwächen und sie „Empathie" oder „Wertschätzung" nennen. Das ist in Ordnung. Die Quelle, der sie entspringen, heißt Liebe.

Als Manager und Leader werden Sie – neben dem persönlichen Gewinn – durch eine hoch entwickelte, reife Persönlichkeit eine Reihe von markanten Vorteilen haben, was die Qualität Ihrer Performance angeht:

* Sie werden in sich selbst gefestigt sein und dadurch die enormen Belastungen, die eine hohe Führungsposition mit sich bringt, deutlich besser bewältigen. Denn Sie werden sich selber gegenüber genügend wohlwollend und sensibel sein, um gut genug für Ihre Balance und Ihre Ressourcen zu sorgen.

* Es wird Ihnen bedeutend leichter fallen, emotional mit Unsicherheit, Mehrdeutigkeit und Komplexität umzugehen. Diese Charakteristika von Situationen, mit denen sich Führungskräfte auseinandersetzen müssen, werden Sie weniger beunruhigen, und dadurch wird die Qualität Ihres Urteilsvermögens und Ihrer Entscheidungen markant steigen.

* Sie werden über ein integriertes, hohes Selbstwertgefühl verfügen, was Sie bedeutend weniger anfälliger macht für die klassischen Versuchungen für Manager: Geld,

Macht, kurzfristigen Profit, Profilierung oder Ruhmesglanz in den Vordergrund zu stellen. Sie werden diese Dinge nicht benötigen, um sich wertvoll zu fühlen, und können deshalb Entscheidungen in diesen Bereichen entspannter und ausgewogener fällen, zum Wohl Ihrer Organisation.

* Sie werden über einen inneren moralischen Kompass verfügen, der es Ihnen erlauben wird, selbst eine enorm hohe Verantwortung auf umsichtige und integre Art zu tragen, komplexe Entscheidungen in einer Qualität der Weisheit zu fällen, wie ich sie beschrieben habe, vielleicht sogar trotz der Last Ihrer Verantwortung Stil und Eleganz in Ihrer Rolle zu entwickeln.

* Sie werden einen direkten Umgang mit Kollegen, Vorgesetzten und Ihnen unterstellten Mitarbeitenden haben, der von tiefem grundsätzlichem menschlichem Respekt geprägt sein wird, der Ihnen auch in schwierigen Situationen nicht abhandenkommen wird.

* Sie werden sich von Kritik nicht angegriffen fühlen und die Meinungen und Stärken der Menschen in Ihrem Umfeld schätzen und nutzen können, weil Sie nicht oder nicht mehr der Meinung sind, dass es nur eine Wahrheit gibt oder dass Meinungen, die von Ihrer abweichen, einen Angriff auf Ihre innerste Existenz darstellen.

* Sie werden in Ihrer Rolle in Führungsgremien und gegenüber Ihren Mitarbeitenden nicht Ihr Ego in den Mittelpunkt stellen. Damit sparen Sie ungeheuer viel Energie, die bei Rangkämpfen verbraucht wird, und ermöglichen es obendrein, das Potenzial Ihres Umfeldes zu nutzen, und Sie werden Menschen um sich herum wachsen lassen, weil Sie deren Wachstum nicht als Bedrohung oder

als Minderung Ihres eigenen Wertes sehen werden. Und diese Menschen werden Sie als Führungskraft anerkennen – vielleicht sogar lieben.

Also: Öffnen Sie die Augen, und gehen Sie aus dem Weg. Persönlichkeitsentwicklung ist ein Schlüsselfaktor für Führungskräfte, die in Zukunft auf Dauer erfolgreich sein wollen. Und der Treibstoff dafür ist die Liebe (Abb. 12.1).

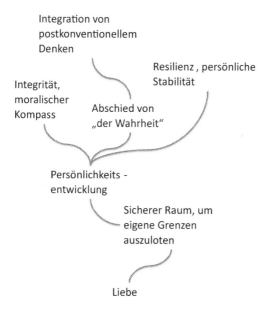

Abb. 12.1 Verdichtete Wirkungszusammenhänge aus Kapitel 12

Kleiner Fragebogen zum Schluss

1. An welche Begegnungen mit anderen Menschen – sie können kurz gewesen sein oder sich über Jahre erstreckt haben – erinnern Sie sich, von denen Sie heute sagen, dass diese Begegnungen Sie als Mensch entscheidend weitergebracht haben?

2. Woraus leiten Sie Ihren Wert ab? Welcher Teil Ihres Selbstwertgefühles wird von innen gespeist, welcher Teil von außen? Und wie?

3. Für den Teil Ihres Selbstwertgefühls, der von außen kommt: welche äußeren Quellen sind das genau? Wie könnten Sie durch sie manipuliert werden oder in Versuchung geraten?

4. Wenn Sie an die Zusammenarbeit in Ihrem Führungsteam denken: wie viel Energie wird darauf verwendet, Macht- oder Positionskämpfe auszutragen, sich einen relativen Vorteil zu verschaffen oder das eigene Ego zu stärken? Was wäre besser, wenn das weniger der Fall wäre? Was wäre allenfalls schlechter? Wie stark ist die Rolle, die *Ihr* Ego in Ihrem Verhalten spielt?

5. Wie gut können Sie Ihre innere Ruhe bewahren angesichts der Komplexität, Unvorhersehbarkeit und letztlich kaum vorhandenen Steuerbarkeit der Dinge, von denen man letztlich erwartet, dass Sie sie steuern? Können Sie die unvermeidlich auftretenden Empfindungen von Zweifel, Angst, Unruhe, Druck usw. auf Dauer tragen? Was trägt dazu bei?

6. Wie ordnen Sie Ihre Berufstätigkeit in Ihrem Leben ein? Welchen Platz hat sie? Welche Funktion hat sie für Sie?

Was beziehen Sie aus ihr? Welchen Preis zahlen Sie für sie? Wie passt sie zu Ihrer Persönlichkeit?

7. Woran orientieren Sie sich, wenn Sie komplexe und weitreichende Entscheidungen zu treffen haben? Wie balancieren und gewichten Sie wirtschaftliche, soziale, moralische, ethische, politische Dimensionen und die Dimension der Zeit? Haben Sie ein reflektiertes Bild Ihres inneren Kompasses? Können Sie ihn auf einem Blatt Papier darstellen, so wie Sie ihn realistisch sehen, selbst wenn das nicht dem entspricht, was Sie für ideal halten?

8. Wie leicht fällt es Ihnen, die Menschen um sich herum wachsen zu lassen?

9. Wie gut wird persönliche Entwicklung, Umsicht und Integrität in Ihrer Organisation honoriert? Und entspricht das dem Wert, der diesen Dingen in Ihrer Organisation zugeschrieben wird, offiziell und inoffiziell?

10. Können Sie sich vorstellen, sich über ein, zwei oder auch drei Jahre von einem therapeutisch ausgebildeten Coach oder einem Therapeuten begleiten zu lassen? Glauben Sie, es würde Sie weiterbringen? Wenn nein, was könnten Sie sonst unternehmen, um sich persönlich weiterzuentwickeln?

11. Wie viel investieren Sie in die Weiterentwicklung Ihrer Persönlichkeit? Wann und wie geschieht das, und wie findet es seinen Niederschlag in Ihrer Agenda? Finden Sie, dass Sie genug dafür tun? Wenn nein, wie könnten Sie das ändern?

13

Synthese: Leadership für die Zukunft

Heutige und in noch größerem Ausmaß zukünftige Führungskräfte auf allen Stufen, ganz besonders aber in hohen
Positionen, sehen sich vor extrem komplexe, schwierige und
facettenreiche Aufgaben gestellt. Sie müssen Entscheidungen fällen, deren Auswirkungen sich erst mit großer Verzö-
gerung zeigen, und sie müssen bei diesen Entscheidungen
sehr divergierende Ansprüche balancieren: Ökonomische,
soziale, politische, moralische und ethische Aspekte spielen
dabei eine Rolle.

   Die Krisen und die damit verbundenen Skandale der letzten Jahre, allen voran die Finanzkrise, aber auch das zuneh-
mende Unbehagen gegenüber den horrenden Entlohnun-
gen von Spitzenmanagern, das Misstrauen gegenüber einer
Führungselite, die sich von ihrem Umfeld zunehmend ent-
fremdet, die erhöhte Aufmerksamkeit für das ethische und
moralische Gebaren von großen Unternehmen und ihren
Managern, die Werthaltungen und Prioritäten der Generationen Y und Z, die bedrohliche Perspektive für Spitzen-
manager, allenfalls für ihr Verhalten strafrechtlich verfolgt
zu werden und Gefängnisstrafen verbüßen zu müssen – all
das ruft nach einer neuen, veränderten Art von Leadership
für die Zukunft. Und die Stimmen werden lauter, die nach
einer neuen Art von Unternehmensführung rufen, die ge-

© Springer-Verlag Berlin Heidelberg 2016
T. Koromzay, *Management und die Liebe*, DOI 10.1007/978-3-662-49517-9_13

prägt ist von Nachhaltigkeit, Sinnstiftung, Integrität und Sinn für das Gemeinwohl. Stellvertretend seien die Initiative „The B Team" von Sir Richard Branson und das wachsende Interesse an Achtsamkeit in Form von Konzepten wie „Mindful Leadership" genannt.

Ich glaube, dass Führungskräfte, die in Zukunft in der Lage sein werden, Unternehmen erfolgreich zu führen und Leadership auf die Stufe zu entwickeln, die wir benötigen werden, sich durch zwei übergreifende Eigenschaften auszeichnen, die als Klammer all die Facetten umschließen, die ich dargelegt habe: Umsicht und Integrität.

* Umsicht als nach außen gerichtete Qualität, die sich manifestiert in einem Handeln, das sich an einer klugen, ausgewogenen und bewussten Beachtung und Berücksichtigung der verschiedensten Aspekte und Auswirkungen von Entscheidungen und Handlungen orientiert und letztlich nach Weisheit strebt.
* Integrität als nach innen gerichtete Qualität: Eine innere Verfasstheit, die geprägt ist von menschlicher Reife als Resultat eines reichen Entwicklungsprozesses; einer Reife, die sich in einer Integration von geistigen, emotionalen und vitalen Dimensionen zeigt und sich an einem hoch entwickelten inneren moralischen und ethischen Kompass orientiert.

Diese äußeren und inneren Qualitäten stehen in einer verstärkenden Wechselwirkung zueinander und führen dadurch zu einer intensiven und sich ständig weiterentwickelnden Präsenz und Lebendigkeit, und das entscheidet letztlich darüber, ob Menschen Ihnen als Führungskraft aus eigenem Antrieb folgen werden oder nicht. Das Wort „Person" leitet sich ab aus „per-sonare" (lat.), was soviel bedeutet wie „hindurchtönen". Und genau das geschieht im Kontakt mit Menschen: Das, was Sie innerlich leitet, Ihre Überzeugungen, Werte, Haltungen, alles, was Sie buchstäblich verkörpern, tönt durch Sie hindurch und wird von Ihrem Gegenüber wahrgenommen. Darauf beruht Ihre persönliche Wirkung, weit über den direkten Kontakt hinaus.

Manchen pragmatischen Managern mag das pathetisch erscheinen, unrealistisch, naiv oder romantisch verklärt. Dann müssten mir diese Manager erklären, weshalb sie in ihren Unternehmen ein Konzept vertreten, das sich „Vision" nennt. Denn eine pragmatische Vision ist ein Widerspruch in sich und wird niemanden mobilisieren. Wirksame Visionen tragen ein Stück Großartigkeit oder Pathos in sich, und wenn Sie selber nicht mindestens ein wenig „pathos-fähig" sind, werden Sie Ihre Mitarbeitenden auch nicht begeistern können. Dabei meine ich mit Pathos nicht die große Geste des Blenders und Verführers, sondern die Ausstrahlung, die entsteht, wenn Sie etwas aus tiefstem Herzen wollen, weil es Sinn macht, weil es inspiriert, weil es Sie mit Stolz erfüllt – weil Sie es mit Liebe tun.

Die vielen Zutaten und Aspekte, die ich in den vorangehenden Kapiteln zusammengetragen habe, bilden letztlich eine Gesamtheit, die sich in den übergeordneten Qualitäten der Umsicht und der Integrität verdichtet, und die, wenn man ihren Ursprung bis zu ihrer Quelle zurückverfolgt, der Liebe entspringt. Wenn man die Fäden, die durch die letzten elf Kapitel verlaufen, zusammenführt, ergeben sich daraus eine Reihe von Ressourcen, die für Sie als Führungskraft von unschätzbarem Wert sind:

- Eine tiefe Leidenschaft für Ihre Arbeit und die Fähigkeit, für Ihr Unternehmen eine gemeinsame Vision zu etablieren, die für Ihre Mitarbeitenden eine emotionale Bedeutung hat und sie ausrichtet auf gemeinsame, tief verankerte Ziele.

- Eine Balance von assertiven Qualitäten (Chancen ergreifen, Konsequenzen ziehen, destruktives Verhalten sanktionieren, sich in Machtkämpfen behaupten usw.) und Qualitäten des Mitgefühls und der Empathie, so dass Sie gestaltende Kraft entfalten und Ihre Entscheidungen dabei nie kalt wirken und Mitarbeitende dauernd ermutigt werden, sich einzubringen, selbst in schwierigen Zeiten, und selbst wenn Sie ihnen schlechte Nachrichten überbringen.

- Die Fähigkeit, Sinn zu empfinden, Sinn zu stiften in der Organisation, und mehr noch: die Existenz Ihrer Organisation auf die Basis eines tief verwurzelten Sinns zu stellen. Das, und nur das, wird dazu führen, dass Ihre Mitarbeitenden Ihnen folgen werden, denn die Sinndimension ist für Arbeitnehmende der Zukunft entscheiden, und diese Zukunft hat mit der Generation Y bereits begonnen.

- Die Fähigkeit, Emotionalität in die Führungs- und Managementpraxis zu integrieren und damit eine Informationsfülle zu nutzen, die ihresgleichen sucht. So werden Beurteilungen ausgewogener, die blinden Flecken weniger, und so werden qualitativ hoch stehende Entscheidungen gefällt unter Einbezug ihrer wirtschaftlichen, sozialen, politischen, ethischen und moralischen Dimensionen.

* Eine integrierte Akzeptanz der Tatsache, dass Sie komplexe Systeme weder kontrollieren noch gezielt beeinflussen können. Das wird Ihnen helfen, sich nicht in die Pseudogenauigkeit von Messgrößen zu flüchten oder in Modelle, die letztlich zu simpel sind und Sie so in die Irre führen. Sie werden besser in der Lage sein, wachsam zu bleiben und werden weniger überrascht werden durch Veränderungen im Unternehmensumfeld. Und Sie werden um Größenordnungen besser in der Lage sein, Konzepte wie Selbstorganisation und systemische Interventionen anzuwenden.

* Eine unbedingte Wertschätzung für Ihre Mitmenschen ganz allgemein, was natürlich auch Ihre Mitarbeitenden mit einschließt. Damit steigen nicht nur Ihre Chancen, als guter und integrer Vorgesetzter wahrgenommen zu werden (was wiederum die Leistung Ihrer Mitarbeitenden markant positiv beeinflusst), sondern Sie werden selbst in harten Verhandlungssituationen bessere Karten haben, und es wird Ihnen möglich werden, Defizite anzusprechen und Kritik zu äußern in einer Art, die Ihr Gegenüber entgegennehmen kann. Und nicht zuletzt werden Sie viel Geld sparen.

* Die Fähigkeit, eine Dimension der Weisheit einzubringen auf der Basis einer gefestigten Persönlichkeit und eines reifen inneren moralischen Kompasses. Diese Qualität wird weise Entscheidungen hervorbringen, die Ihren langfristigen und vielfältigen Implikationen gerecht werden. Und sie wird Sie in der Standhaftigkeit unterstützen, die Sie benötigen werden, um zu vertreten, dass Profit nur eines von vielen Entscheidungskriterien ist.

* Eine nach innen und außen gefühlte und gelebte Verbundenheit: In der Verbundenheit mit sich selbst werden Sie ein besseres Gefühl für Ihre Möglichkeiten und Grenzen haben und so langfristig leistungsfähig bleiben. Verbundenheit mit anderen Menschen wird Ihnen helfen, sich auch in höheren Führungsfunktionen nicht von Ihren Mitmenschen zu entfremden. Verbundenheit mit etwas Größerem wird Ihnen helfen, den Job als Teil Ihres Lebens zu sehen, selbst wenn es ein sehr großer und sehr wichtiger Teil ist, und es wird Ihr Verantwortungsgefühl stärken gegenüber der Tatsache, dass die wirtschaftliche Dimension Ihres Unternehmens eingebettet ist in eine gesellschaftliche und ökologische Umwelt.

* Akzeptanz für Dinge, die Sie nicht beeinflussen können, Akzeptanz für Ihre Mitmenschen und Akzeptanz für sich selbst. Sie wird dazu beitragen, dass Sie weniger Energie darauf verschwenden, gegen Dinge anzukämpfen, die nun mal sind, wie sie sind. Sie werden Ihre Kraft effizienter einsetzen. Sie werden viel weniger mit Rückschlägen hadern, weil Sie sie als normalen Teil Ihrer Arbeit akzeptieren werden und dabei nie vergessen werden, weshalb Sie diese Arbeit trotz allen Rückschlägen tun. Dadurch wird es Ihnen viel leichter fallen, das Vertrauen Ihrer Mitarbeitenden zu gewinnen.

* Ein stabiles Fundament von Selbstwert und ein Wissen darüber, wer Sie sind und welche Geschichte Ihre Identität hat. Dieses Fundament wird Ihnen helfen, Ihre blinden Flecken zu kennen. Sie werden emotional weniger erpressbar sein und besser in der Lage, Entscheidungen mit klarem Verstand zu fällen. Sie werden Belastungen besser aushalten, mit Komplexität und Ambiguität besser

umgehen können, andere Menschen durch Ihre authentische und integre Wirkung gewinnen und ihnen ermöglichen, ihre beste Leistung zu entfalten.

All diese Qualitäten bilden sich letztlich durch die stetige Entwicklung Ihrer Persönlichkeit aus und durch die Suche nach Ihrem Platz in Ihrem privaten wie im beruflichen Leben. Durch persönliche Entwicklung werden Sie viel offener auf andere Menschen, andere Meinungen, andere Selbstverständlichkeiten blicken und sich so eine Fülle von Erfahrungen, Informationen und auch Geschäftsmöglichkeiten erschließen, die Sie verpasst hätten, wenn Sie nicht stetig Ihren Horizont erweitert hätten. Sie werden völlig andere Möglichkeiten haben, mit anderen Menschen produktiv und innovativ zusammenzuarbeiten – und nicht zuletzt wird es Ihnen ein Leben lang nicht langweilig werden.

Man mag argumentieren, dass doch die systemischen, strukturellen Faktoren viel mächtiger seien als die individuellen. Was die Beurteilung eines Status quos angeht, bin ich damit einverstanden, nicht aber, was die Veränderung des Status quos betrifft. Ein System fällt keine Entscheidungen. Entscheidungen werden von Einzelpersonen und Teams gefällt. Wenn Sie Veränderungen bewirken wollen, müssen Sie für das, was Sie verändern möchten, selbstverständlich ein systemisches Verständnis entwickeln, und Ihre Interventionen müssen ebenfalls systemisch Sinn machen. Aber am Ende müssen *Sie* sich dazu entscheiden, irgendetwas anders zu machen als bisher. Und ob Sie dazu den Mut, die Standhaftigkeit, die Integrität, das Mitgefühl usw. aufbringen, das entscheidet sich auf einer persönlichen Ebene. Wie schon erwähnt: Der Zugang zu Systemen führt über

Einzelpersonen. Die systemischen Hebel sind mächtig, aber an den Hebeln für diese Hebel sitzen Menschen. Nur eine genügend große Gruppe von Personen mit den nötigen persönlichen Qualitäten wird ein Momentum erzeugen können, das Systeme verändert.

Führungskräfte mit diesen Qualitäten haben meiner Ansicht nach alle Chancen, Antworten auf die Herausforderungen der Zukunft zu finden. Wenn Sie sich diese Art von Leadership aneignen, werden Sie die Führungsrolle mit der Rolle des Dienens vereinen können, ohne den geringsten Widerspruch zu empfinden. Es werden ganz einfach zwei der zahlreichen Facetten Ihrer Rolle sein, die Sie mit Umsicht und Integrität im bestmöglichen Gleichgewicht werden halten können.

Es mag als riesige Aufgabe erscheinen, all diese Aspekte und Facetten zu entwickeln, und das ist es auch, zweifellos. Die Erkenntnis, dass all das einer gemeinsamen Quelle entspringt, kann diese Aufgabe erleichtern, weil sie einen Orientierungspunkt bietet, einen roten Faden, dem Sie folgen können, wenn Sie sich aufmachen, um Ihr Wissen, Ihre Kompetenzen, Ihre Ressourcen, letztlich Ihre ganze Person zu entwickeln. Dieser rote Faden besteht in der Pflege der Qualität der Liebe in Ihrem Leben. Die Auseinandersetzung mit der Liebe und ihren Facetten wird die Entwicklung von allem fördern, was Sie als Führungskraft der Zukunft auf der persönlichen Ebene brauchen werden.

Die Methoden, um auf diesem Weg voranzukommen, sind mannigfaltig. Ihnen gemeinsam ist eine Qualität des stetigen Übens. Peter Senge macht in seinem Buch „Die fünfte Disziplin" in diesem Zusammenhang eine nützliche Unterscheidung, nämlich die zwischen Technik und Haltung. Technik ist dabei das Vehikel, etwas, woran Sie sich beim Üben halten können. Wenn Sie dieses Üben mit einer hohen Selbstaufmerksamkeit betreiben, wird es sich mit der Zeit auf Ihre Haltung auswirken, und darin liegt letztlich der Wert des Übens. Wenn Sie hingegen die Technik um der technischen Virtuosität willen entwickeln, werden Sie einfach die Technik immer besser beherrschen, sie wird aber nicht lebendig werden und nicht Teil Ihrer Ausstrahlung sein, sondern etwas Aufgesetztes bleiben.

So verhält es sich beispielsweise mit der Meditation, die momentan enorm an Popularität gewinnt, gerade in der Businesswelt. Wenn Sie Meditation als Technik üben, können Sie wahrscheinlich Ihre Leistungsfähigkeit steigern, indem sie eine größere Stresstoleranz entwickeln, sich besser fokussieren können, sich rascher erholen können. Alles nützliche Dinge. Aber nur wenn Sie sie mit einer wohlwollenden, akzeptierenden und mitfühlenden, letztlich einer liebevollen Haltung üben, führt sie zu einer Weiterentwicklung Ihrer menschlichen Qualitäten. Ansonsten läuft sie Gefahr, nur zu einer weiteren Medaille auf Ihrer Brust zu werden, die zwar glänzt, Sie aber letztlich nicht weiterbringt.

Ich halte die Meditation für ein hervorragendes Medium, um persönliches Wachstum zu fördern, ich nutze sie selber seit vielen Jahren. Aber sie ist nicht jedermanns Sache und muss das auch nicht sein. Sie haben durchaus auch dann gute Chancen, ein hervorragender Leader zu werden, wenn Sie nichts dafür übrig haben, regelmäßig auf einem kleinen Holzbänkchen zu sitzen.

Den Unterschied macht also nicht die Technik an sich, sondern die Übungshaltung – und die muss zuinnerst auf Liebe basieren. Und weil die Technik zweitrangig ist, kommt es auch nicht so sehr darauf an, welche Sie wählen. Eine kleine Auswahl an möglichen Techniken, die stark geprägt ist von meinen eigenen Erfahrungen und der ganz sicher noch viele Dinge hinzugefügt werden könnten, in ungeordneter Reihenfolge:

* Achtsamkeitsübungen im Alltag: Letztlich jede Aktivität, in die Sie sich versenken können, ohne dabei die Verbundenheit mit Ihrer Umgebung auszuklammern. In Verbindung mit einer akzeptierenden Selbstaufmerksamkeit wird ein solches Üben Sie darin unterstützen, sich selber mit der Zeit immer besser kennen zu lernen. Vielleicht geschieht das bei Ihnen, indem Sie fischen gehen oder Ihre Ablage ordnen.

* Die Feldenkrais-Methode als „westlicher" körperorientierter Ansatz, der sich mit der Entwicklung Ihrer Bewegungsqualität beschäftigt. Diese Methode bedient sich einer ausgeprägt achtsamen Haltung und fördert auf fulminante Art die Verbundenheit mit sich selbst. Außerdem hilft sie Ihnen, das, was Sie sind, buchstäblich zu verkörpern.

* Aikido als Kampfkunst, die die Idee von Gewinnen und Verlieren hinter sich gelassen hat und sich letztlich damit beschäftigt, die eigene Sensibilität und Kontaktfähigkeit zu entwickeln. Ein äußerst fruchtbarer Ansatz, der Sie auch viel lehren kann über Führung, Konfliktlösung und Umgang mit Widerstand. Allerdings benötigen Sie dazu einigen Durchhaltewillen, denn auf der technischen Ebene ist Aikido so schwierig, dass Sie einige Zeit benötigen, bevor Sie sich anderen Ebenen widmen können. Ich habe sehr gute Erfahrungen gemacht in der Verwendung

von vereinfachten Grundelementen von Aikido, um mit Führungskräften an diesen Themen zu arbeiten.

* Die Begleitung durch einen Therapeuten oder einen therapeutisch ausgebildeten Coach. An gewisse Schichten Ihrer Persönlichkeit gelangen Sie nur mit einem kompetenten und liebevollen Gegenüber. Die Selbsterfahrung im Rahmen meiner psychotherapeutischen Ausbildung war die lehrreichste Zeit meines Lebens.

* Die Rückmeldungen von Arbeitskollegen, Freunden oder der Liebe Ihres Lebens, die sich nicht scheut, Ihnen die Wahrheit zu sagen.

* Die Inspiration durch Kunst und Literatur, die Ihnen Sternstunden bescheren können, die mit wenig anderem zu vergleichen sind und damit einen kurzen Blick ermöglichen auf Dinge, die größer sind als jedes Unternehmen.

* Ein intensiver und liebevoller Kontakt zu Ihrer Familie und zu Freunden.

* Ein reiches, volles Leben und das Üben der Empfindung von Glück.

Wie sagen Sie es Ihren Kollegen?

Es ist mir klar, dass es in den heutigen Chefetagen ein Risiko ist, von der „Qualität der Liebe" zu sprechen. Und ich rate Ihnen durchaus zu einer gewissen Vorsicht, denn die Zumutung könnte zu groß sein, und dann erreichen Sie nichts. Auch das ist letztlich eine Frage des Respektes: ein Gegenüber nicht zu überfahren oder zu überfordern, sondern Wege zu suchen, wie man eine Entwicklung anstoßen kann, und dabei nicht aufzutreten wie ein Wesen vom Mars oder wie jemand, der „es begriffen hat" und nun die Unwissenden aufklärt.

Oft ist es besser, die Qualitäten, von denen ich rede, in ein Gewand zu kleiden, das die Zielgruppe der Führungskräfte anspricht. Die Wichtigkeit von Persönlichkeitsentwicklung zu vertreten, dürfte heute anschlussfähiger sein als Managern zu sagen, sie sollen die Qualität der Liebe pflegen. Allerdings glaube ich, dass sich das bereits in der nächsten Generation von Führungskräften ändern könnte.

Letztlich geht es vielmehr um Grundhaltungen als um Worte. Andererseits darf dennoch gefragt werden, was denn so schlimm ist an dem Wort „Liebe": Welche Zustände herrschen denn, wenn die mächtigsten Positionen in Wirtschaft und Politik mit Leuten besetzt sind, mit denen man nicht über die Liebe reden kann?

Welcher Manager würde sich dagegen wehren, Qualitäten wie Leidenschaft, Weitsicht, Integrität, persönliche Authentizität, natürliche Autorität, systemisches Verständnis usw. zu entwickeln? Es wird Zeit, solchen Themen ihren Platz zu geben und dabei ihrer emotionalen Komponente ihr verdientes Gewicht zu geben und ihre Quelle nicht länger verschämt zu verschweigen.

Bei all dem geht es nicht darum, alles über Bord zu werfen, was bisher erreicht wurde. Ebenso wenig geht es darum, intellektuelle und rationale Qualitäten abzuwerten und ein reines Bauchgefühl-Management zu propagieren. Das wäre naiv. Und selbstverständlich gibt es „harte" Qualitäten, die von Führungskräften ebenso gefordert sind, wie Durchhaltewille und Disziplin. Ich habe jahrelang Leistungssport betrieben und habe dort Disziplin, Durchhaltewille, Fairness und Fokussierung gelernt und vertieft. Ich möchte diese Erfahrungen nicht missen.

Alles, was ich sage, ist, dass das nicht genügt. Als ich das erste Mal eine hohe Führungsposition innehatte, musste ich feststellen, dass hohe Leistungsbereitschaft und -fähigkeit nicht genügten: Ich konnte bei einer Belegschaft, die nun mal nicht aus lauter Leistungssportlern bestand, nicht genügend erreichen, und ich selber drohte vor lauter Leistungsfokussierung innerlich zu vertrocknen. Erst als ich emotionalen und künstlerischen Seiten meiner Persönlichkeit wieder mehr Aufmerksamkeit schenkte, Akzeptanz für andere Lebensentwürfe entwickelte und lernte, mich in Geduld zu üben, konnte ich nachhaltige Wirkung entfalten. Ich glaube, es gilt, der Führungskultur Zutaten *hinzuzufügen*, die letztlich auf Liebe basieren und meines Erachtens schmerzlich fehlen und vernachlässigt werden, und ich behaupte, sie lassen sich absolut in die Business-Realität integrieren – nicht zuletzt aufgrund meiner eigenen Erfahrung.

Auch in Zukunft wird es nötig sein, ein solides Handwerk zu lernen. Betriebswirtschaftliches Know-how, Projektmanagement, Business Development, Strategie, Change Management, organisationales Lernen – all das wird auf der Fächerliste für Führungskräfte bleiben. Das alles ist aber nur die Eintrittskarte, um überhaupt für Führungspositionen in Frage zu kommen. Die Art und Weise, *wie* Sie eine solche Position ausfüllen, wie Sie das Gelernte integrieren können, so dass es zu Ihrer Person passt, wird den Unterschied machen. Ihr Erfolg und Ihr Format als Führungskraft wird bestimmt durch das, was Sie können, was Sie tun, und in ganz besonderem Maße durch das, was Sie sind.

Lassen Sie sich nicht abschrecken durch Schlagworte und einzeilige Gegenargumentationen. Bohren Sie tiefer, und die Widersprüche werden weniger werden. Scheuen

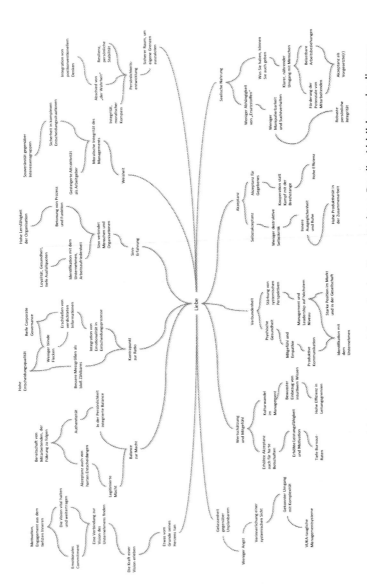

Abb. 13.1 Verdichtete Wirkungszusammenhänge in der Gesamtschau. Da die Abbildung in diesem Taschenbuch nicht lesbar ist, finden Sie sie auf http://www.springer.com/9783662495162 zum Download

Sie sich nicht, Fragen zu stellen, wie Sie sie in den Fragebögen in diesem Buch finden, und erfinden Sie neue dazu. Dann werden Sie dazu beitragen, dass wir in Zukunft die Führungskräfte haben, die wir dringend benötigen. Dann werden Management und die Liebe sich gefunden haben (Abb. 13.1).

Kleiner Fragebogen zum Schluss

1. Kennen Sie Personen, die in Ihren Augen Leadership auf höchstem Niveau verkörpern? Wenn ja: was macht die Qualitäten dieser Personen aus?

2. Haben Sie schon einmal in einem Unternehmen gearbeitet, das kulturell durchdrungen war von dieser Art von Leadership? Wenn ja: wie hat sich das ausgewirkt auf das Gefühl, in diesem Unternehmen zu arbeiten? Auf das Engagement der Mitarbeitenden?

3. Für wie groß halten Sie den Einfluss der Qualität von Leadership auf den Erfolg Ihres Unternehmens?

4. Finden Sie, dass in Ihrem Unternehmen Leadership in einem Ausmaß systematisch gefördert wird, das dieser Bedeutung gerecht wird?

5. Finden Sie, dass Sie selbst genug für Ihre eigene persönliche Entwicklung und für Ihre Entwicklung als Führungskraft tun?

6. Können Sie sich vorstellen, leistungsorientierte Eigenschaften wie Durchhaltewille, Durchsetzungsfähigkeit, Entschlossenheit, Widerstandsfähigkeit, Ehrgeiz und Wettbewerbsorientierung mit einer Haltung von Integrität und Mitgefühl zu verbinden? Wie würde solche Entschlossenheit, solcher Ehrgeiz usw. aussehen?

7. Haben Sie die Befürchtung, Sie könnten in Ihrer Leistungsfähigkeit beeinträchtigt werden oder die Erwartungen Ihrer Vorgesetzten schlechter erfüllen, wenn Sie sich mit der Liebe und ihren Verwandten beschäftigen, oder glauben Sie, Ihre Leistung könnte steigen?

8. Ist es nach Ihrer Einschätzung möglich, im Management Ihres Unternehmens solche Themen zur Sprache zu bringen? In welcher Art? Und finden Sie das wichtig?

9. Falls Sie das wichtig finden: was müsste passieren, damit das selbstverständlich wird? Und wie könnten Sie zu einer solchen Entwicklung beitragen?

10. Wie möchten Sie, dass Ihre Mitarbeitenden von Ihnen als Führungskraft sprechen, und wie nahe sind Sie dem heute?

11. Wie möchten Sie, dass das Unternehmen geführt wird, in dem Ihre Kinder oder die Kinder Ihrer Freunde eines Tages arbeiten werden?

14

Ein kurzes Schlussplädoyer

In der nahen Zukunft werden wir Führungskräfte benötigen, die einerseits in der Lage sind, auf der Basis einer persönlichen Authentizität Kontakt zu anderen Menschen herzustellen und Verantwortung zu übernehmen über die Grenzen ihres Unternehmens hinaus, und die andererseits fähig sind, mit der zunehmenden Komplexität und der abnehmenden Zahl von Ankerpunkten im Unternehmensumfeld umzugehen. Ich habe den Eindruck, dass der Durst nach solchen Qualitäten bei den Mitarbeitenden und Anspruchsgruppen von Unternehmen groß ist und künftig einen Schlüsselfaktor bei der Gewinnung der besten Talente darstellt. Und ich glaube, dass diese Veränderung ein Sturm ist, der das Meer bis auf den Grund aufwühlt – ein wahrer Ground Swell. Ich glaube, Manager, die sich nicht mit der Liebe auseinandergesetzt und sie in ihr Handeln als Leader integriert haben, werden in Zukunft keinen Erfolg haben.

Wenn diese Welle die Führungsetagen erreicht, kann sich vieles zum Guten verändern. Allerdings wird wohl noch eine zweite Welle nötig sein, die auch die Besitzer der Unternehmen erfasst: Wir benötigen nicht nur „Mindful Leadership", wir brauchen auch „Mindful Investment".

© Springer-Verlag Berlin Heidelberg 2016
T. Koromzay, *Management und die Liebe*, DOI 10.1007/978-3-662-49517-9_14

Kann der Profitgedanke eine neue Form annehmen, die die hier propagierten Perspektiven integriert? Ist es denkbar, dass wir eines Tages nicht nur „Mindful Leadership" haben werden, sondern auch „Mindful Investment"? Kann sich langfristige Ausrichtung gegen die Kurzfristigkeit des Tagesgeschäftes durchsetzen? Werden Führungskräfte, die sich nach dem neuen Paradigma verhalten, ein genügend großes Momentum erzeugen können, um ganze Unternehmen entscheidend zu verändern? Und werden der Markt und damit auch die Gesellschaft mitziehen, und werden die Leute bei den Unternehmen kaufen, die Management und die Liebe integrieren, und bei den anderen nicht mehr? Als überzeugter Optimist sage ich „ja". Die Chancen waren noch nie so gut.

Führungskräfte sind wertvoll, sie sind hoch differenzierte und engagierte Menschen, und sie können heute vielleicht mehr Dinge verändern als Politiker. Umso nötiger ist es, sich mit dieser Art von Verantwortung mit Umsicht und Integrität auseinanderzusetzen. Das Leben als Führungskraft kann enorm erfüllend sein; ich habe oft Führungskräfte erlebt, die einen Mangel an solcher Erfüllung beklagen und die nach Sinn und nach Liebe in ihren vielen in diesem Buch beschriebenen Formen lechzen. Deshalb glaube ich, dass eine Saat der Liebe auf sehr fruchtbaren Boden fallen wird.

Wenn Sie Menschen nicht mögen und keine Liebe zu geben haben – z. B. in Form von Anerkennung, von unbedingter Wertschätzung, von grundlegendem Interesse –, dann sollten Sie sich nicht als Führungskraft versuchen, denn ohne diese Qualität wird nichts Außergewöhnliches entstehen. Wenn Sie aber diesen Weg einschlagen, dann wird Ihnen die Liebe die beste Begleiterin sein, die Sie sich wünschen können, und Sie wird Ihnen helfen, die Eigenschaften zu entwickeln, die Sie als Führungskraft brauchen: Integrität, Mut, Umsicht, Verantwortungsbewusstsein, Leidenschaft, eine Vision und die Kraft, diese Vision zu verfolgen.

Machen Sie sich auf den Weg, und verlassen Sie ihn nicht – Ihr Vorsprung wird uneinholbar sein, und Sie werden das surfen, was andere wegspült: einen Ground Swell.

15

Loose Ends statt eines Nachwortes

Dieses Buch ist nicht dick geworden. Das heißt, jede Führungskraft, die es lesen will, bringt auch die Zeit auf, es zu tun. Damit habe ich eines meiner Ziele bereits erreicht.

Ich bin nicht der Einzige, der eine neue Qualität von Leadership fordert. Mit diesem Buch möchte ich diesen vielen Anstößen ein zusätzliches Momentum geben, in der Hoffnung, dass dieses Momentum in der Summe die kritische Größe erreicht, um seine Wirkung zu entfalten.

Natürlich habe ich mir überlegt, ob ich mehr hätte schreiben sollen, inklusive der Frage, ob ein Buch von diesem Umfang überhaupt ein richtiges Buch sei. Aber ich habe aufgehört, mich das zu fragen. Radikal wäre gewesen, nur die Fragebögen zu veröffentlichen, aber das hätte den Eindruck erwecken können, ich wollte mich mit Max Frisch vergleichen, dessen Fragebögen die meinen, das gebe ich offen zu, maßgeblich inspiriert haben. Einen solchen Vergleich würde ich mir nie anmaßen, deshalb ist es besser so.

Wie würden Ihre persönlichen Fragebögen aussehen? Die würde ich gerne lesen.

Ich habe mich geweigert, auf das Wort „Liebe" zu verzichten, auch auf die Gefahr hin, dass kein Manager dieses Buch kauft oder sich gar öffentlich getraut, zuzugeben, dass er es gekauft hat. Aber ich glaube, dieses Risiko ist kleiner

© Springer-Verlag Berlin Heidelberg 2016
T. Koromzay, *Management und die Liebe*, DOI 10.1007/978-3-662-49517-9_15

als man glauben könnte. Die kommende Generation von Führungskräften wird nichts dabei finden.

Manchmal habe ich mich gefragt, ob ich zu pathetisch geworden sei. Dann habe ich gemerkt, dass ich mit dieser inneren Kritik genau in die Falle getappt bin, aus der ich einen Ausweg skizzieren wollte … deshalb: Ja, es ist stellenweise pathetisch, aber Plädoyers müssen das auch sein. Mit Nüchternheit allein werden wir nicht weiterkommen.

Ich habe den größten Respekt vor Führungskräften, die sich ihren gigantischen Aufgaben stellen und versuchen, diesen Aufgaben in der bestmöglichen Art und Weise gerecht zu werden. Sie können oft nur auf wenig Support zählen bei der Bewältigung der Dilemmata und der einsamen Momente, denen sie ausgesetzt sind. Sie verdienen unsere Unterstützung. Ihnen ist dieses Buch gewidmet.

Literatur

Auster P (2013) Winterjournal. Rowohlt, Berlin

Berghaus M (2011) Luhmann leicht gemacht. UTB, Stuttgart

Brown B (2013) Daring Greatly. Penguin, New York

Coelho P (1996) Der Alchimist. Diogenes, Zürich

Cook-Greuter S (2013) Nine Levels of Increasing Embrace in Ego Development: A Full-Spectrum Theory Of Vertical Growth And Meaning Making (Prepublication version)

Frisch M (1992) Fragebogen. Suhrkamp, Frankfurt am Main

Greenberg LS (2003) Emotionale Veränderung fördern. Junfermann, Paderborn

Hasler F (2012) Neuromythologie. Eine Streitschrift gegen die Deutungsmacht der Hirnforschung. Trancript, Bielefeld

Howard R (2001) A Beautiful Mind. Paramount Pictures, Hollywood

Kantor D (2012) Reading the Room: Group Dynamics for Coaches and Leaders. Jossey Bass, San Francisco

Kilburg RR (2006) Executive Wisdom. Coaching and the Emergence of Virtuous Leaders. APA, Washington D.C.

Maslow A (1965) Eupsychian Management, Homewood Ill. Richard Irwin & Dorsey Press, Homewood, Illinois

Meadows DH (2010) Die Grenzen des Denkens. Oekom, München

© Springer-Verlag Berlin Heidelberg 2016
T. Koromzay, *Management und die Liebe*, DOI 10.1007/978-3-662-49517-9

Nevis EC (1998) Organisationsberatung. Ein gestalttherapeutischer Ansatz. Edition humanistische Psychologie EHP, Köln

Reichle F (2004) Monte Grande – was ist Leben? (DVD). T&C Film AG

Schein EH (2010) Prozess und Philosophie des Helfens. Einzelberatung, Teamberatung und Organisationsentwicklung. Edition humanistische Psychologie EHP, Köln

Senge P (2008) Die fünfte Disziplin. Schäffer-Poeschel, Stuttgart

Simon FB (2009) Gemeinsam sind wir blöd!? Die Intelligenz von Unternehmen, Managern und Märkten, 3. Aufl. Carl-Auer, Heidelberg

Zinker J (2005) Gestalttherapie als kreativer Prozess. Junfermann, Paderborn

Sachverzeichnis

Printed in the United States
By Bookmasters